现代企业经营管理与团队建设研究

李永林 著

北京工业大学出版社

图书在版编目（CIP）数据

现代企业经营管理与团队建设研究 / 李永林著 . —
北京 ：北京工业大学出版社，2020.10（2021.11 重印）
 ISBN 978-7-5639-7545-7

Ⅰ . ①现… Ⅱ . ①李… Ⅲ . ①企业经营管理－研究②
企业管理－团队管理－研究 Ⅳ . ① F272.

中国版本图书馆 CIP 数据核字（2020）第 117450 号

现代企业经营管理与团队建设研究
XIANDAI QIYE JINGYING GUANLI YU TUANDUI JIANSHE YANJIU

著　　者：	李永林
责任编辑：	刘连景
封面设计：	点墨轩阁
出版发行：	北京工业大学出版社
	（北京市朝阳区平乐园 100 号　邮编：100124）
	010-67391722（传真）　bgdcbs@sina.com
经销单位：	全国各地新华书店
承印单位：	三河市明华印务有限公司
开　　本：	710 毫米 ×1000 毫米　1/16
印　　张：	7
字　　数：	140 千字
版　　次：	2020 年 10 月第 1 版
印　　次：	2021 年 11 月第 2 次印刷
标准书号：	ISBN 978-7-5639-7545-7
定　　价：	45.00 元

作者简介

　　李永林（1962 年 4 月—　　），男，大学本科。汉族，河北石家庄人。石家庄日报社副社长，高级政工师。研究方向：经营管理与团队建设。

前　言

　　在当代，企业管理的内涵已经发生了一些本质的变化，市场经济的深入发展，对现代企业经营管理提出了一些更为现实的课题。现代企业如何通过有效的经营管理，既达到企业目标又体现社会效益是一个非常现实的问题，它关系到企业的生存与发展。团队建设和团队管理已成为现代企业管理的核心内容。团队管理强调合作与协同，提升团队竞争力，加强团队凝聚力，以适应内外部环境变化，满足市场需求。在互联网时代下，报业应该积极探索转型路径，加强团队建设，提高企业的经营管理水平。

　　全书共五章。第一章为绪论，主要阐述现代企业经营与管理的知识范畴、现代企业经营管理的时代要求以及现代报业发展的总体格局等内容；第二章为现代企业经营理念创新，主要阐述现代企业经营理念与环境、现代报业经营理念创新等内容；第三章为现代企业的经营与管理战略，主要阐述现代企业的经营战略、现代企业的管理战略以及现代报业产业的经营与管理战略等内容；第四章为互联网时代企业转型升级之路，主要阐述互联网时代的来临、互联网时代企业的转型升级策略以及互联网时代报业的转型升级策略等内容；第五章为现代企业经营管理中团队建设的积极作用，主要阐述团队建设概述、企业团队建设的积极作用等内容。

　　为了确保研究内容的丰富性和多样性，在写作本书的过程中笔者参考了大量理论与研究文献，在此向涉及的专家学者们表示衷心的感谢。

　　最后，限于作者水平，加之时间仓促，书中难免存在一些疏漏和不足之处，在此恳请广大读者批评指正。

目　录

第一章 绪 论

进入 21 世纪后，市场的竞争越来越激烈，企业面临的竞争环境变幻莫测，团队建设和团队管理已成为现代企业管理的核心内容。团队管理强调合作与协同，提升团队竞争力，加强团队凝聚力，以适应内外部环境变化，满足市场需求。本章分为现代企业经营与管理的知识范畴、现代企业经营管理的时代要求、现代报业发展的总体格局三部分，主要内容包括：企业经营管理的概念、企业经营要素和内容、现代企业经营管理面临的新形势、中国报业现在的格局等。

第一节 现代企业经营与管理的知识范畴

一、企业经营管理的概念

经营是指企业以市场为对象，以商品生产和商品流通为手段，为了实现企业的目标，使企业的投资、生产、销售等活动与企业的外部环境保持动态均衡的一系列有组织的活动。管理是管理者运用一定的职能手段协调他人的活动，是使别人同自己一起高效率地实现既定目标的活动过程。

经营与管理是两个既有联系又有区别的概念。经营是管理职能的延伸与发展，二者是不可分割的整体，通过对经营活动的管理以实现企业盈利是二者共同的目的。

经营与管理的区别是，经营是商品经济产物，管理是劳动社会化的产物；管理适用所有组织，经营只适用于企业；管理的目的是提高企业工作效率，经营的目的是实现企业盈利。

综上所述，企业经营管理的定义是，企业按照市场经济的规律和运行规则，对企业经营的各要素进行决策、计划、组织、协调与控制，以适应外部环境变化，充分利用资源，实现组织目标的活动过程。

二、企业经营要素

企业经营要素是指构成企业经营有机整体的各个组成部分，是企业进行经营活动的基本条件和手段。其主要包括人力资源、财务资源、物质资源、组织资源和技术资源等。

①人力资源。现代企业越来越重视人力资源，它是影响企业经营效益的最关键因素。在企业的经营活动中，如市场调查与预测、经营的决策、财务的管理、技术的研究与开发等活动都需要依靠人来完成。人在企业经营中起着决定性的作用。

②财务资源。财务资源是企业经营不可缺少的要素，是企业经营运作的"血液"。若企业没有足够的贷款能力和内部资金再生能力，则企业的经营活动就无法进行，这种能力的强弱决定了经营的发展规模和发展前景。

③物质资源。物质资源是企业的物力要素，包括建筑物、机械设备、工具和原材料等，是企业经营的物质手段和条件。企业不仅要拥有一定数量的、与经营规模相适应的物质资源，而且要不断地更新改善物质资源的现状，逐步实现现代化，使物质资源在企业的经营活动中发挥更大的作用。

④组织资源。组织资源是企业经营管理的依托。合理而有效的组织结构、建立健全的规章制度，决定了企业的经营运作方式和方法以及企业的工作方式和工作质量。

⑤技术资源。技术资源是决定企业是否具有竞争优势的关键要素之一。它包括企业的工艺水平、生产能力、产品品质和营销方式方法等。

三、企业经营管理的职能和机制

（一）企业经营管理的职能

①决策与计划职能。企业经营决策职能是根据企业经营目的，对企业的经营发展方向、目标和方案进行选择和调整的活动；企业经营计划职能是对既定的目标进行具体的安排，是企业全体职工在一定时期内的行动纲领，规定了实现目标的途径和方法的管理活动。

②组织与指挥职能。组织职能就是为了实现企业生产经营活动的目标和计划，将企业生产经营各要素、各部门和各环节同企业外部的各种联系合理地组织起来，使企业内部形成一个整体，使人、财、物实现最佳组合的管理活动；指挥职能就是对企业全体职工的领导、沟通和督促。由于企业经营活动复杂多

变，各个部门和各个环节之间有密切的协作联系，为保证企业经营活动的正常进行，就要建立强有力、高效率的生产经营指挥系统，实现统一领导和指挥，及时解决经营活动过程中出现的各种问题。

③监督与控制职能。企业在执行计划的过程中，必须监督与控制计划的执行情况，即按照经营目标、计划对企业经营活动的实际情况进行检查，比较实际情况与原订计划的差异，分析产生差异的原因，并做出对策。监督与控制是以计划为依据的，而计划是要靠监督与控制来保证实现的。有效的监督要求企业要建立健全合理的规章制度；要建立完善的信息管理系统，保证信息反馈的及时和准确；同时，要运用科学的监督与控制手段来保证这一职能发挥有效的作用。

④挖潜与创新职能。在企业的经营活动过程中，企业要重视研究市场需求的变化和发展动态，结合其内在人、财、物，挖掘潜力，创新经营，使企业能够持续、稳健快速地发展。

（二）企业经营管理的机制

现代企业经营管理的机制是企业经营各要素与经营环境相互作用、相互联系的制约关系和功能体系。它是一种能够规范推动企业行为，使其趋向企业目标的内在机理，它具有引导、激励和约束企业行为，实现企业生产经营活动良性循环的基本功能。

企业经营管理的机制大体上可以分为保证企业正常运转的运行机制、激发企业活力的动力机制和约束企业行为的调控机制。

1. 企业运行机制

现代企业运行机制是企业经营管理机制的主体部分，是企业系统在输入—转换—输出过程中，各经营要素之间直接的组合联系方式。不同的运行机制由于经营要素、组合联系方式的不同，企业的行为和活力也不同。企业运行机制作用的正常发挥，是企业经营运作的基本前提。

2. 企业动力机制

企业动力机制是为企业系统正常运行提供能量的机制，对企业的行为和活力起"兴奋剂"的作用。它关系到企业运行系统、各个经营要素能量的释放程度，包括企业的人事制度、劳动制度、培训制度、工资、奖励和福利制度。动力机制实际就是激励机制，具有双刃剑的特点：既可以产生正动力，也可产生负动力。健全的动力机制，可以调动员工的积极性、主动性，激发员工的创造性，对企业经营活动的运行起着关键的作用。

3. 企业监控机制

企业监控机制也称为企业的约束机制，是保证企业实现经营目标和满足环境发展要求的自我约束机制。它是企业的控制器和调节器，规范企业的各种行为，以保证企业行为的合理性。企业监控机制主要包括决策方式、分配方式、责任制方式、管理方式及信息处理方式等内容。企业建立自我调控的机制是一个复杂的系统工程，涉及许多方面。企业外部受到市场、社会、政策和法律等的约束；企业内部涉及改革和完善企业的经营形式、决策方式，合理配置组织结构和管理职能以及企业内部的监督方式等方面。

运行机制、动力机制和监控机制相互联系、相互作用，共同影响企业经营系统的运行。

四、企业经营思想和经营哲学

（一）企业经营思想

企业经营思想是指对企业经营活动中所发生的各种活动和关系的认识和态度的总和，是贯穿企业经营活动始终的基本指导思想。企业基本的经营思想，就是要充分发挥自己的竞争优势，以优质商品和服务满足社会需要，以求得可持续发展。其主要包括以下几方面。

1. 市场观念

市场是企业生存和发展的空间。市场观念是企业经营思想的中心，要求企业把用户的需要和利益放在第一位，为顾客提供满意的产品和优质的服务，并不断创造新需求，以求得企业更好的发展。

2. 竞争观念

在市场经济条件下，竞争是客观存在的，它给每个企业提供了展现自己能力的舞台与机会。在正常竞争条件下，物美价廉、优质服务、经营管理水平高等永远是企业取胜的因素。因此，竞争要求企业不断提高职工素质、技术素质和管理素质，以增强自身实力；重视经营管理方式创新，使企业在竞争中不断自我完善、自我发展和增强自身活力。

3. 创新观念

企业的生命力在于它的创新能力。创新观念既包括创造新的产品，也包括创造新的经营方式。创新主要有三个方面：技术创新、市场创新和组织创新。创新要有科学的思想，要靠具备创新精神的人才，只有这样，企业才能不断地创新经营战略和经营方法，不断地采用新的科学研究成果和技术，不断地开拓新的市场，不断地生产出新的商品，保证企业在市场竞争中处于领先地位。

4. 效益观念

提高经济效益和社会效益是企业经营管理的中心任务。树立效益观念，即要求企业用尽可能少的劳动消耗与资源占用，提供尽可能多的符合社会需要的产品和劳务，正确处理好企业经济效益和社会效益的关系。可见，评价一个企业的经济效益，首先要看它是否有利于提高社会经济效益，其次才看它的盈利多少。

（二）企业经营哲学

企业经营哲学是指企业在经营管理过程中的世界观和方法论，是企业在处理人与人、人与物关系上形成的意识形态和文化现象。一般是指包括企业价值观、企业内共同认可的行为准则和共同信仰等在内的管理哲学。

每个企业都有自己的经营哲学。企业经营哲学是通过企业对外部环境和内部环境的态度来体现的。对外主要包括企业在处理同顾客、政府和社区等关系时的指导思想，对内包括企业对投资者、员工及其他资源的基本观念。企业经营哲学的形成，一方面与民族文化传统有关；另一方面与特定时期的社会生产、特定的经济形态与国家经济体制有关。企业经营哲学还与企业自身的文化背景有关，一个企业在确立自身的经营哲学时，必须考虑到企业文化背景对企业的影响力。外向型企业和跨国经营企业更需重视这一点。

东西方民族文化传统不同，在企业经营活动中，从方法到理念上都存在着明显的差异。英美国家的企业受其文化传统影响，崇尚个人价值、个人奋斗和竞争，在管理中比较强调理性管理，强调规章制度、管理组织结构、契约等。而东方文化圈的企业更强调人性的管理，如强调人际关系、群体意识、忠诚合作的作用，强调集体的价值、团队精神、对公司的忠诚等。一个是以理性为本，一个是以人为本、以情感为本，两种文化传统形成鲜明的对比，从而也形成两种不同的企业经营哲学。

五、企业经营管理中的思想政治工作探究

（一）加强思想政治工作的必要性

1. 提高企业经济效益的需要

企业经济效益的提高和经营管理的加强，与企业思想政治工作的开展息息相关，直接关系到企业的发展与壮大。企业思想政治工作的开展，有利于充分发挥企业员工的主观能动性，提高企业员工的执行力和创造力。此外，工作的开展，员工觉悟的提高，有利于企业政策和观念的贯彻与执行，从而减少工作阻力，提升企业的管理水平。

2. 提升企业管理水平的需要

随着企业的发展和各项管理制度的变化，很多员工会感觉到不适应，经营管理的加强也势必会影响到一部分人的利益，这必然会使管理过程变得相当曲折，影响企业管理水平的提高。这时就要充分发挥企业思想政治工作的优越性，充分发挥其为企业经营管理服务的职能，加强企业规章制度的宣传和对员工心理的疏导，对于员工或者管理者合理或者不合理的建议和想法，要积极进行调研和探讨，及时化解企业内部的矛盾，保持大家工作的热情和积极性，整体上实现企业管理水平的提高。

3. 构建和谐企业的需要

企业内部的和谐与稳定是企业实现健康发展的基础，也是企业实现竞争优势的重要手段。如果企业内部没有一个和谐稳定的氛围，企业的凝聚力就无从谈起，而企业经营管理过程中思想政治工作的开展有利于企业内部思想的统一和人心的凝聚，也有利于企业员工的管理和矛盾关系的协调与解决。思想政治工作的开展，可以保证企业不断用正确的思想和科学的理论武装员工的头脑，创造和谐相处、密切协作的企业氛围。

4. 创建企业文化的需要

伴随着企业的不断发展，企业文化的作用越来越重要，它可以强化员工的追求和对企业的忠诚，为企业的发展提供源源不断的动力，增强企业竞争的软实力。而在企业文化创建过程中，时刻需要思想政治工作的开展和配合，尤其是思想政治工作的导向职能、协调职能、教育职能、凝聚职能，这是构建企业文化所必不可少的。

（二）开展思想政治工作的方法

1.丰富思想政治工作的内容

传统的思想政治工作内容已经不能满足企业经营管理的需要，需要工作者适时调整和更新工作内容，拓宽工作范围。一要加强社会主义的道德规范和荣辱观教育，普遍提高企业员工的思想道德水平；二要加强和重视创新意识的培养，尤其是与企业经营管理密切相关的意识观念的培养。除此之外，要注重民主教育和法制教育，提高员工的民主管理能力和法制意识。

2.合理协调利益分配的矛盾

随着市场经济的不断深入和发展，利益分配引起的矛盾越来越多，而只有认真处理国家、企业与个人之间的利益关系，积极协调人民内部的利益关系，才能够真正将思想政治工作落到实处，真正发挥企业经营管理过程中思想政治工作的作用。

3.加强工作队伍的建设

高素质的工作队伍是企业开展思想政治工作的前提和组织保障。所以，思想政治工作人员的选拔和培养就显得尤为重要。我们不仅要构建完善的工作人员准入制度，从源头上控制和加强思想政治工作人员的能力和水平，还要完善培训体系，制订合理的工作计划，确保各项思想政治工作的落实，尤其是要把优秀人才吸引到工作队伍当中来，不断加强思想政治工作队伍的建设。

4.倡导新的思想政治观念

面对现代企业经营管理中对思想政治工作的新的需求，需要我们紧跟时代步伐，顺应市场经济和知识经济的潮流，树立正确的思想政治观念，用正确的思想政治观念充实企业组织的"大脑"，统一认识，不断发展和创新观念，确保思想政治工作的先进性。

第二节　现代企业经营管理的时代要求

一、现代企业经营管理面临的新形势

（一）要求企业具备更科学的经营管理理念

对于企业的生产经营活动而言，企业经营管理理念是企业发展的重中之重。

在现代社会中，企业的内部环境逐渐发生了变化，为此，企业想要不被时代淘汰，就必须紧跟时代的脚步，不断提高自身的经营管理理念。一方面，现阶段由于互联网的兴起，企业的经营环境也由原来的现实场所转变为虚拟世界。由于电商企业的发展，传统的企业发展受到了严重的冲击，为此，企业要想发展就必须转变发展策略，充分认识到电子商务所带来的好处，提高企业的创新能力以适应社会市场的发展变化，把电子商务引进企业发展中，进而使得企业的生产经营效率得到改善。另一方面，现代企业的竞争对手不断增多，使得企业的发展面临着更加严峻的挑战，对企业也提出了新的更高的要求。人们的需求也从原来的仅仅注重产品质量，转为现在更为在意企业的整体服务水平，如企业的售后管理、营销模式等。

（二）要求企业建立适应自身特点的信息系统

在当今社会，信息技术已经成为企业发展的重要法宝，它为企业的发展带来了巨大的便利，不仅使得企业的生产效率得到改善，还为企业收集了大量的信息。在企业经营管理中，信息资料的拥有量决定着企业的发展，而面对庞大的数据信息，只有通过现代科学技术才能对这些数据加以处理，才能从中找出企业需要的信息资料，这就要求企业应当建立适应自身特点的信息系统，来适应科学技术的发展。

（三）要求企业相关制度更为规范

社会主义法治体系的不断完善，推动着企业的管理工作。对于现代企业来说，企业的经营管理必须符合国家法律法规的要求，传统的依靠经验来管理企业的模式已经不再适用于法治社会的发展，这就要求无论是中小企业还是大型企业，都必须转型发展，企业的相关制度应当更加规范，相关管理也必须符合国家法律制度的要求。

（四）要求企业建立自身的人才培养体系

现代企业的发展越来越离不开人才的培养，企业之间的竞争也越来越成为人力资源的竞争，人力资源也逐渐成为推动企业发展的重要动力，这就要求企业逐步建立自身的人才培养体系。现代企业为了争夺更为优秀的人才不惜提高聘任价格，只为企业的经营管理能得到提升，人才的争夺战也不仅在大型企业中存在，对于小企业而言，他们也十分重视对于人才的吸收。对于人力资源管理部门的关注度也越来越高，人才的质量也逐渐成为企业发展的重要支柱。

二、大数据时代对企业经营管理的要求

（一）大数据时代企业经营管理面临的挑战

1. 经营与管理效率方面

对于大多数企业来说，以往在进行管理时并不需要大规模地应用信息技术和设备，也不必为信息储存而担忧，但在大数据时代，企业在发展中所产生的数据类型不断增多，且社会发展速度过快都对企业的数据分析处理能力提出了更高的要求。站在企业经营管理角度，数据的管理其实是整个管理体系的重点，然而随着发展规模的扩大，数据含量正飞速激增，这使得企业必须转变管理手段。企业发展中，管理效率一直是十分重要的决定因素，只有做好管理工作才能为企业发展提供良好的环境和空间。

2. 数据安全保护方面

信息社会、大数据时代、网络时代的综合发展，使得人们的生活水平显著提升，然而随之而来的是人们的信息安全问题、企业的数据安全问题。如今很多企业在发展中均考虑到网络促销的先进性，且在进行数据处理时也要应用到网络技术和信息技术，而这其中所包含的信息量也十分庞大，甚至有很多个人隐私信息，在通过互联网收集时，部分不法分子会利用其高超的计算机技术来获取相应的信息，直接侵入企业的数据系统，并对其进行破坏，使企业瞬间丢失大量数据，这对于企业和人民群众而言均具有极大的威胁性。

3. 决策合理性方面

当代企业往往面临着更加严峻的竞争态势，而要促进自身的长足发展，则需要根据实际发展情况、市场需求等方面信息来制定发展决策，在此过程中数据则成为十分关键的信息。传统企业在进行决策制定时，通常只需要对微量数据进行处理即可，但如今其所需要处理的数据不仅数量庞大，且涉及的范围十分广泛，若只是对数据信息进行简单的处理和汇总，势必会对决策制定方面带来不良影响，甚至导致其缺乏合理性，而一旦发生此种现象，则有可能为企业带来毁灭性的打击。目前来看，我国部分企业依然在沿袭传统管理经验来进行相关事宜的运行，却也渐渐导致出现了管理结构失调以及风险剧增的情况。

4. 数据的归档与整合方面

网络化的不断推进，使得企业在运营中需要接触不同类型、不同来源的数据信息，而如何对其进行划分和辨别则显得尤为重要。企业虽然已经能够意识

到大数据时代带来的影响，且也在积极转变理念、引进技术来应对挑战，但与其他发达国家相比还依然有着很大的差距，此种情况在跨国企业和合资企业中更为明显，获取数据来源方式滞后、处理方式不适用于非结构数据等，均会对数据的归档和整合带来困扰，因此，其也渐渐成为企业需要克服的困难之一。

（二）应对大数据时代企业经营管理挑战的相应对策

1. 提高数据应用能力

大数据时代的特征使得企业必须不断优化自身各方面建设，尤其是数据收集分析能力方面。虽然人们均知道大数据中会包含大量的信息，但其具体可以容纳多少信息无人知晓，依靠目前的技术和设备也无从得知，这使得无论是哪一个企业均面临着相同的风险和挑战。在此种情况下，企业只有不断强化数据应用能力，将收集、分析以及整理等各个环节的工作做好，才能够为企业的发展拓展新的空间。在此过程中需要有相关人员做好市场调查工作，并围绕相关结果来调整企业经营模式。

2. 对数据信息充分挖掘

大数据所具有的优势很多，潜在价值高即为其中一种，甚至可以说，无论哪一种数据，其均具有独特的价值，且蕴藏无限商机，但人才、技术和设备等方面的限制却也使得企业无法充分利用数据价值。鉴于此，今后企业应不断引进先进技术，拓展人才队伍，将数据分析工作变得更加具有精准性和时效性，将每个数据的利用率充分提升。只有充分做到此点，才能够完成对市场的预测和评估，也才能够为企业制定决策提供有价值的参考。

3. 优化人才队伍建设

如今社会各界对人才的要求越来越高，综合型、创新型以及应用型人才备受行业青睐。大数据时代下，企业人才需要不断丰富自身技能，以专业的能力、丰富的认知和较强的学习能力来迎接挑战。今后企业应在内部进行选拔，建立起专门的部门，并对相关人员进行培训，在培训的过程中不仅要不断提升人才能力，也要对其进行适当的思想工作，使其能够意识到企业面临的危机，促使其不断进步。同时也可以以提升薪资待遇的方式来招揽更多专业人才，尤其是留学归来的人员。

4. 强化基础设施建设

对大数据进行处理势必要应用到很多设备，但很多企业在此方面的投资力度过小，导致负责进行数据处理的设备往往较为陈旧，数据处理速度慢，且精度不足。今后企业应合理规划成本的应用，根据实际情况来为基础建设方面划拨相应款项，有条件的企业可以将国外先进技术和设备引入本企业，或是综合各个方面因素来为自身选择最为合适的设备。

综上所述，研究关于大数据时代企业经营管理的挑战与对策思考方面的内容具有十分重要的意义，其与企业发展有着密切关系。大数据时代下，社会理念、企业发展理念等方面均会发生变化，这给当代企业经营管理带来了很大的挑战，然而挑战往往与机遇并存，企业在发展中应能够正视大数据时代带来的冲击，并制定出合理的解决措施，将管理模式进行创新和优化，然而我国在此方面的建设还不够完善，因此相关机构和人员应加强此方面的研究。

三、网络经济对企业经营管理的要求

（一）网络经济对企业管理的影响

1. 对企业经营模式的影响

新的经济环境，要求企业变革原有的经营模式，以免交易活动受到时间和空间的限制。网络交易模式的出现，扩展了企业产品销售范围，丰富了营销渠道，对企业营销目标的实现有现实意义。因此，在企业经营管理体系中，应明确各部门协调配合的重要性，保证生产活动顺利开展，保证商品质量和服务的有效性，逐步提高企业商业信誉。网络化的发展，促使了企业各项商务活动紧密结合，形成了系统的企业生产经营体系。总的来说，创新企业经营模式是提高企业管理水平的重要措施，网络经济时代下，企业产品营销可通过线上销售渠道来完成，这就表明企业应将电子商务作为营销管理重点，实现企业营销效益的提高。

2. 对企业管理机构的影响

企业以往的组织机构设立模式已经无法满足现代企业发展要求，还要通过创新企业管理机构，以便为企业各项经济活动的开展提供人力保障。传统组织机构通常包括多个层次的管理岗位，各岗位管理范围受到较大局限，导致企业生产决策的制定及实施时间较长，企业管理效率和质量低下，是企业未来经营管理改革的重点。为了应对上述问题，需要考虑网络经济对企业管理带来的影响，利用网络环境下信息传递优势，确保企业决策信息在各部门中的高效传递，为企业管理创新奠定基础。只有在企业决策执行效率提高的情况下，才能发挥管理机制在企业健康发展上的作用，强化企业管理能力。因此，企业组织机构的设立要结合网络经济时代下企业发展特点，通过简化组织机构分层设立模式，提高企业管理灵活性。从企业经营管理实践来看，减少企业管理机构的层次，可扩宽企业管理幅度，实现企业管理决策和消费者需求的密切结合，增强了企业管理的科学性。

3. 对企业生产方式的影响

网络经济环境会对企业生产方式产生明显影响，随着市场需求的变化，企业生产方式随之改变，这是保证企业能适应市场变化规律的重要条件。现代市场竞争机制下，企业要尽快改变传统的生产方式，充分利用网络媒介作用，实现产品信息在市场中的高度流通，帮助企业科学制定生产规划，有利于提高企业各类资源的利用效率。企业可根据信息分析结果选择满足市场要求的生产要素，利用先进技术和高新科技提高企业竞争力，营造一个良性竞争的市场氛围，促进整个行业的发展。企业组织生产活动时，要以经营利润的提高为主要目标，充分收集市场产品需求信息，从产品生产、包装、营销等环节进行创新，将创新经营管理理念落实到企业经营全过程，从而实现企业健康发展。

（二）网络经济时代下企业经营管理创新的必要性

企业运营过程中离不开企业管理工作的开展，是保证企业资源合理分配、经济效益实现的关键。企业管理是指从筹划、运营、生产、经营、监督等环节出发，对企业经营各个环节进行针对性管理，确保企业经营管理方案满足各阶段企业的运营要求。企业经营管理的创新旨在解决企业面临的新挑战，及时进行企业管理思维的调整，为之后管理方法和管理模式的改进提供引导，为企业其他各方面改革的完善奠定基础，明确企业未来发展的方向。

网络经济时代下的企业运营将面临较多挑战，还要通过企业经营管理创新来提高企业对网络经济市场的适应能力。企业经营管理创新应充分结合现阶段企业管理实际，逐步完善企业管理体系。当代企业互联网化逐渐成为商业发展的主要趋势，互联网思维在企业运营管理中的体现，引导企业管理者进行内部管理体系及业务流程的重新思考，确保企业管理合理开展。当前部分企业还存在管理方法落后的弊端，阻碍了企业管理体系的完善建立。只有引进互联网思维，结合现代市场变化规律进行企业经营管理创新改革，优化企业整个组织架构，将新的管理理念应用到人才管理、营销管理中，才能帮助企业打开新局面，为企业发展注入活力。

（三）网络经济时代下企业经济管理创新措施

1. 管理理念的创新

管理理念是指管理者在实施管理工作时持有的思想，会直接影响管理行为。企业管理理念的及时更新是保障企业健康发展的关键，管理理念的引导作用可使管理工作有序开展。企业要想具有较高市场竞争力，就应顺应市场变化规律创新经营理念，保护管理规划的有效执行，进而加快企业发展。首先，要求企业创新经营目标理念，不能只关注短期经营利润的实现，更多要注重企业服务质量的提高，以便使企业吸引更多消费者；其次，随着社会的不断进步，企业运营中社会效益和环境效益目标已经成为企业经营的主要目标，是企业管理发展的必然趋势。对于企业来讲，需要承担其他的社会责任，在生产管理中，要综合考虑员工身心健康发展和企业经济活动与自然保护相平衡等内容。

例如，企业当前要及时调整自身产业结构，适当减少生产过程中资源性产品的使用，通过产品升级处理，逐步提高企业社会效益。在生产管理方面，需要从员工角度出发，以保障员工职业发展和基本权益为主，科学执行企业经营管理，将"绿色企业"理念融入企业管理实践中。另外，还要创新产品观念，网络经济环境下，产品更新周期越来越短，大量新产品的产生加快了经济市场的运行变革。企业应做到对市场变化规律有较好掌握，不断提高自身优势，根据市场需求来开发新产品，以利于企业品牌形象的树立，这是保障企业管理决策科学性的关键。

2. 管理模式的创新

网络经济时代背景下，企业应认识到信息化技术在产品生产、销售及配送等多个环节上的作用，以客户需求为导向，建立新型管理模式，以便在管理模式作用下，保证管理工作有序开展，为消费者提供优质服务。企业服务水平的提高，可奠定企业消费者基础，使其具备一定的市场竞争力。在进行企业经营生产管理创新策略的分析时，应注意到管理模式创新的必要性，通过创新业务流程、完善供应链管理等，形成企业经营管理新局面。新的经济市场环境下，产品信息交流大多是在网络媒介作用下完成的，因此，企业管理模式的创新应从加大信息技术和企业管理相结合这一方面出发，利用信息数据参考依据作用，引导管理工作有针对性地开展。在企业管理和信息技术深度融合的条件下，可再次进行企业经营成本的管理，提高企业效益，在实践中探索出适合企业发展的管理模式。例如，将产品生产规划、营销、配送等管理环节结合起来，在信息流传递下确保各个环节的有效衔接，进而实现企业经营管理的统一化，服务于最终的企业经营目标。

3. 组织机构的创新

面对网络经济时代，现代企业需要改善企业的管理经营模式，一改传统的组织结构，全面将先进的网络技术运用到企业的生产与销售，经营管理与财务以及物流运输等方面，并不断优化与调整，确保企业各生产环节的顺畅衔接与高效流转，真正建立良好的协作关系。

现代企业要突破以往的等级制管理组织结构，全面调整企业现有的组织结构，构建"网络"或"流程"组织结构，将信息技术运用到企业管理环节，加快企业的市场运行体系，优化企业的经营生产方式，全面建立起层次分明的现代化企业组织结构，进一步规范企业员工的各项操作与管理行为，提高管理的效率。

4. 生产经营模式的创新

传统生产经营模式下，有效的信息传递机制的缺乏，导致企业生产和消费者需求间存在不平衡的问题，无法充分发挥信息在企业管理中的借鉴作用，容易造成企业管理弊端。面对消费者个性化需求时，商家信息收集方式相对落后，不能及时获取市场需求信息，使得企业生产的商品大多是单一的，不能突出企业优势。而网络经济环境下，能实现信息传递的及时性和有效性，可在信息流作用下完善企业管理决策。在虚拟环境下，企业和消费者间建立了新的信息交流渠道，降低了企业信息获取成本。实际进行生产经营模式创新时，要做到产品经济向服务经济的转变，将工作重心放到企业服务质量提高上。企业处于网络经济环境中，促使企业市场竞争逐渐深入服务竞争，只有在为消费者提供优质服务的条件下，才可形成企业独特优势。有学者指出，未来企业利润将更多在产品维修和服务咨询等环节中获得，而产品销售产生的利润占比较小，因此，我们认为有必要将服务经济作为企业生产经营模式优化发展的重要方向。

另外，企业管理创新还应体现在实体经营向虚拟经营的转变上。企业在虚拟空间中完成交易活动，扩展了企业经济运营空间，是网络经济对企业经营管理产生的主要影响。互联网技术的应用和普及为虚拟经营的实现提供了物质条件，企业可利用网络功能，形成自身竞争优势。经济市场变化较快，这就需要企业具有灵活的组织结构和敏锐的信息收集能力，确保企业具备较好的虚拟经营实力。实施虚拟经营的管理措施，有利于企业资源优化配置、拓展企业产品营销市场、简化组织机构以及实现多元化经营等。例如，现阶段电子商务的产生，促使企业更多关注虚拟环境中交易行为的发生，企业将网络销售作为重要营销渠道之一，产品生产、销售等多个环节可在网络环境中统一完成，表明企业采取虚拟经营的必然性，是企业经营管理创新的主流方向。

5. 提高企业文化软实力

在进行企业经营管理时，应坚持企业文化软实力的逐步强化。在新的经济环境下，企业可从加大文化建设的角度出发，探索新的经营管理措施，利用企业文化功能，提高企业管理能力。企业文化可向社会公众展现企业形象，为了提高企业消费者吸引力，要求企业尽可能做到文化建设的精细化，能准确传达价值理念。企业可将自身文化融入管理实践中，打造企业独特的精神风貌，发挥企业文化在企业科学管理上的引导作用，使得企业在激烈的市场竞争中还能保持稳定发展。因此，可以说网络经济时代下企业经营管理的创新，可通过建设企业文化来实现，保障管理有效化，为企业健康发展提供保障。实践表明，企业文化的建设，有助于优化企业组织结构，提高企业内部资源利用率，为管理工作开展创造良好条件。

6. 人才管理的创新

互联网时代的到来，促使企业人才管理体现出柔性化特点，以人为本理念发挥着企业人才管理的引导作用，尊重员工个人需求，有助于提高管理质量，达到预期管理效果。网络经济时代下，企业对创新型人才的需求不断增多，要通过人才管理来加强员工的企业归属感，加强员工间的凝聚力。实际开展管理工作时，要求企业弱化对员工的控制，为员工保留自由发展的空间，旨在加强员工自我管理，确保人才管理的科学性。当前有的企业已经开始着手执行"零管理"模式，将企业资源集中在生产管理和营销管理等方面，推动企业良好发展。这种管理模式的变革，实质上是建立网络状的企业组织形式，注重企业管理效率的提升。

另外，为了充分发挥员工在企业发展上的促进作用，企业还应建立员工薪酬制度和福利制度，从员工工作任务完成程度来确定奖金和福利待遇，确保人才管理的公正性，调动员工工作积极性。这种管理模式下，可营造一个和谐的工作氛围，促使员工全身心投入岗位工作中，逐步形成企业独特文化体系，以便提高企业经营效益。例如，当前大部分企业都将人才管理作为企业经营管理体系中的重点内容，将互联网思维结合到管理实践中，以员工个性化发展为管理目的，改变传统的管理模式。网络经济时代中的人才管理，从员工需求出发，建立灵活的管理制度，充分利用激励机制来促进员工发展，以获得理想的管理效果。

综上所述，在网络经济环境下，企业要想持续发展，则需要注重其自身管理模式和管理方法的创新，结合经济市场的变化规律，科学制定企业内部管理体系，发挥企业管理功能。对于企业而言，应充分利用网络经济的优势，确定企业经营管理方向，逐步完成企业管理转型任务。

7. 生产管理与营销方式的创新

首先，创新企业的生产管理与营销方式。一方面，根据企业实际情况，在保障员工基本权益的基础上，开展科学合理的企业经营管理方式，同时将"绿色企业""经济环保""低碳高效""经济效益"等企业生产理念结合到企业管理的实践过程中，不断提升企业的经济效益；另一方面，创新业务的流程，进一步完善企业现有的供应链管理，不断创新企业的经营管理局面，通过差异化的产品策略，不断提高企业产品的竞争力与产品附加值。充分把握市场的信息需求，提高企业对市场的需求、对行情变化的灵敏性与适应性。

其次，灵活调整企业的营销方式。一方面，通过优化资源组合不断降低成本，开展针对性营销与差异化营销，从而真正较快实现生产的专业化，经营与销售的多元化经营战略，提高企业的经济效益；另一方面，企业应充分利用现代化的网络科学信息技术，建立企业之间的资源与信息共享平台，做到优势互补，取长补短，不断创新发展，从而实现企业功能集成的效果。

综上所述，随着网络经济时代的不断发展，企业的经营管理创新应立足于企业自身的实际情况展开，因此，企业应不断进行变革创新，从企业的经营理念与生产方式、革新企业的组织结构、创新管理理念，重视企业文件与制度管理建设等方面，全面推动企业的经营管理时效。通过确定企业的经营管理方向，做好企业发展目标与规划，创新营销模式，加强对企业的监督管理，较快地助力企业经营管理水平的提升，促进现代企业获得更大的发展优势，不断提高企业的竞争核心力与经济效益。

网络科技时代的到来对企业的经营管理创新提出了更大的要求与挑战。一方面，受到网络技术的影响，企业需要不断突破传统的经营管理理念才能适应社会发展的需求，才能更快地提高企业的服务质量与竞争优势，进而为消费者提供更高质量的产品。另一方面，通过网络科技，企业在虚拟的网络环境下开展各种经济活动，可以根据各消费者的反馈意见或信息及时调整管理机制，全面树立良好的企业形象，逐步提升企业品牌形象，为企业品牌形象塑造提供新的思路；此外，企业应充分借助网络媒介的资源优势，把更高质量的产品及时快速传递给消费者，让消费者近距离体验到网络科技带来的便捷。

在网络经济环境下，有利于全面加快企业创新管理的改革步伐，通过网络经济时代，可将企业的产品生产与产品的销售、产品运输等环节有效紧密衔接，大大缩短了商品的生产与营销周期，企业还能通过市场需求不断对产品的生产方案进行优化与调整，从而提高企业产品的竞争力与质量，降低企业的生产成本，提高产品市场竞争力，有助于企业对市场网络时代带来的影响做出及时准确的反应，不断推动企业的稳定与长远发展。

第三节　现代报业发展的总体格局

一、中国报业现在的格局

（一）报业市场竞争加剧是经济体制转型的结果

过去，特别是计划经济和改革开放初期，我国报业在计划经济体制下运转，很多地方是"一报独大"的局面。报业资源相对垄断，没有竞争。广播、电视同样如此。那时，传统媒体在没有竞争的环境中获得了持续稳定的经济效益。但随着市场逐渐开放，报业便成为传媒行业竞争最充分的地带，同业竞争、集团内部竞争、跨媒体竞争日趋激烈。这种竞争环境的改变，对于报业市场的运行规则和运作规律，从政府管理部门到报业人员，从各级领导到新闻采编、经营人员，都普遍缺乏认识。报道不到位、管理不到位、经营不到位等成为共性的问题，因此，报业竞争出现许多突出的问题是必然结果。

（二）报业自相残杀的根源是不规范竞争和恶性竞争

中国报业进入竞争环境，但竞争并不规范。在国外发达国家，传媒竞争经历了若干次大规模的市场整合，建立健全了相关法律法规和管理体系。在政府管理之外，行业协会发挥着重要的协调作用。这些因素综合起来构建了比较成熟的传媒竞争形态。那些世界级的权威报纸，就是通过这种相对公平、规范的市场竞争，确立了主流媒体地位。新兴报业的胜出，只能在这种成熟的竞争环境下，依赖自身核心竞争力的提升来实现。

在我国，由于历史的原因，新闻资源使用不平等，市场监管体系不健全，缺乏对市场秩序管理的有效手段，行业协会协调作用不能有效发挥，阻碍了报业市场的正常规范竞争。有的报纸为了夺取市场份额，挑起"报刊发行大战"，把报纸的售价一降再降；有的报纸为了抢夺广告客户，恶性竞争，竞相杀价，大打广告折扣战。因此，报业竞争陷入无序、混战的状态，一些广告客户坐收渔利。报业的这种困境不是与互联网竞争的结果，也不是和广电媒体竞争的结果，而是行业内部恶性竞争造成的。

（三）报道不力和经营无方导致读者大量流失

高质量的内容是报纸的生命。社会主流人群最关注的是国家发展的基本思路、大政方针。另外，高品位的文化娱乐，负责任的社会新闻，入木三分的新闻评论，全方位的信息服务，这些都是社会发展需要、公众普遍欢迎的报纸内容。但目前很多报纸并没有做到位，如正面宣传报道不到位，成就报道没亮点、没分量，宣传报道不得要领，浮皮潦草；舆论监督不到位；新闻策划不到位，即报纸策划不出生动、有趣、可读性强的新闻，很多记者撞上一条是一条。这样的报纸当然不能与读者有效沟通和形成共鸣，所以读者就不愿意看，不愿意买。

二、中国报业的未来发展

（一）体制改革与创新是关键点

从起步时间看，与商业新媒体相比，报业涉足新兴媒体并不晚，但为何经过十多年的发展，两者的差别如此之大，对此问题，学界已有大量研究证实，传媒体制是掣肘的关键，这也成为业界的一种共识。如何突破制度，学界也有不少探讨，如主张树立由"传统媒体＋"到"互联网＋"的治理理念，加快改革，继续全力加速传统媒体的市场化改造，从国家层面继续推动并深化传统媒体的转企改制工作，以特殊管理股为突破口，弥补单一国有产权的不足问题，以股权激励、公开选拔等方式留住和吸引高层次传媒人才，等等。业界已有一批传统媒体开始进行大胆的制度创新。

（二）平台打造是核心

与互联网媒体相比，报纸的落后关键体现在载体平台层面，而互联网媒体之间的竞争，平台同样是争夺的最主要领域。为此，如何打造在互联网市场具有竞争优势的平台，成为广大报业媒体融合的核心之所在。

较长一段时期，自建平台和入驻平台成为报业打造平台的两条常见道路，据统计，全国百强报纸中 93% 创办自有 APP；后者如已成为各大报业融媒产品标配的微博和微信公众号，据统计，百强报纸中，两微账号开通率均为

100%，99%入驻聚合类客户端。综合来看，前一条道路的不足在于投入高、风险大且盈利方式不明，后一条道路的缺陷在于平台主导权掌握在平台手里，内容如何传播、技术如何优化、利益如何分成等皆受制于平台商，最大的潜在风险在于，若技术迭代，旧平台被淘汰了，那报纸在旧平台苦心经营的新媒体产品就可能付诸东流。

（三）内容融合是重中之重

媒体融合的直观呈现是媒体载体或平台的融合，内容作为媒体存在的核心价值领域也应遵循新兴融媒载体的传播规律，与时俱进地进行融合。实践中，广大报业融媒时，在内容融合环节发力最多的是围绕内容的采、编、发环节进行流程再造，建立全媒体"中央厨房"，实现"一次采集，多种生成，多元传播"。国内规模最大、投入最多、技术含量最高、运营相对比较成熟的《人民日报》的"中央厨房"目前已成为国内报业同行参照借鉴的范本。该全媒体发布平台在全社范围内打通策划、采访、编辑、发布等过程，对跨部门、跨单位的采访力量进行统一调度，实现任务统一分配和绩效统一考核。同时还引入了云计算、大数据等新技术，将新闻热点数据监测、用户精准推荐、传播效果追踪等合为一体，形成数据化、智能化的采编运营体系。

除了以上的探索外，借助新兴的媒体技术制作符合新兴媒体用户需求的内容产品也成为报纸融合转型的重点，如"机器人新闻写作"，强调"以数据方式讲故事"的数据新闻作品的出现，利用VR、AR技术生产沉浸式新闻，等等。

人类报业发展的历史已经走过了几百年，在历史的长河中只不过是短暂的瞬间，但在有文字记载的几千年人类文明史中，这几百年却不算短暂。报纸不仅及时地传递了大量丰富的新闻和信息，还留下了生动丰富的人类历史记忆和文献；即使在互联网大数据时代，报纸的使命也并没有完结的迹象，纸张也仍然是人类不可或缺的最方便的媒介形态。互联网崛起，报业衰落已成大势所趋。全世界的报纸都面临着发行广告加速下滑的困境，全世界的报人们也都在探索报业转型创新的出路。报业的兴衰也是一个大时代的转型期的一部分，还处在动态的变化之中，下结论为时尚早，而报业的转型则需要我们在更宏大的思维视野中，进行更任重道远的探索和尝试。

第二章 现代企业经营理念创新

随着以信息技术为主导的新技术革命突飞猛进，现代企业经营理念中的知识信息等已成为社会经济发展的重要资源，同时也是推动经济增长的核心要素。本章分为现代企业经营理念与环境和现代报业经营理念创新两部分。其主要包括现代企业经营理念与经营目标，以及报业经营理念的创新转变等内容。

第一节 现代企业经营理念与环境

一、现代企业经营理念与经营目标

（一）现代企业经营理念

经营理念是指企业经营的理论指导与思想观念，是由一系列观念和观点构成的，是对经营过程中发生的各种关系的认识和态度的总和。企业经营成功的关键，是树立正确的指导思想和先进而科学的观念。

现代企业最基本的经营思想，就是扬长避短，发挥优势，以优质产品和服务满足社会需要，取得最好的经济效益。这一基本思想具体表现为以下九个观念。

①市场观念。市场观念是指企业要以市场为导向，以市场需求为中心开展生产经营活动。企业要成为市场的主体，就必须强化市场观念，学会按市场经济法则思考和处理问题，进一步了解市场、研究市场，根据市场需求组织生产、销售和服务，从而掌握市场的主动权。

②竞争观念。竞争是市场经济的基本特征，它是在同一市场上生产或销售同类产品的不同企业之间，为争取市场份额和获得更多的利润而进行的正当努力和合法争夺，是市场经济条件下企业生存与发展的动力和压力。在激烈的市

场竞争中，适者生存兴旺，逆者衰亡淘汰。因此，企业必须强化竞争意识，树立平等竞争的观念，树立全方位的国际竞争观念，敢于竞争，善于竞争。

③创新观念。所谓创新，就是对现代企业生产要素、生产条件和生产组织进行重新组合，以建立效能更强、效率更高的新的生产体系活动过程。创新必须突破经验、突破现实、突破权威、突破自我，企业要善于开发和利用企业的各种资源，不断改进企业的经营战略和经营方法，不断创造新的产品，开辟新的生产领域和开拓新的市场，只有这样才能在竞争环境中永远处于领先地位。

④用户观念。用户是实现购买行为的消费者，是市场与消费者的具体组成部分，用户的多少决定着企业的命运。用户观念要求企业学会站在用户的立场看问题，想用户之想，为用户服务，对用户负责，树立用户至上的观点；用户观念要求企业树立优质服务的态度，通过服务接近用户，了解市场的潜在需求，使企业在为用户提供优质服务的前提下，获得经济利益。

⑤开发观念。开发观念要求经营者要善于有效地开发和利用企业的各种资源，企业的资源包括：资金、物质资源、人力资源、空间资源、时间资源、技术资源、信息资源、管理资源八个方面。

⑥效益观念。提高经济效益是企业经营活动的中心任务，但提高经济效益并不是单纯为了盈利。企业的经营活动要服从社会主义的生产目的，即提高整个社会的生产力水平，节约劳动力和能源消耗，提供质优价廉的产品和服务，改善人们的物质文化生活水平。

⑦信息观念。当今社会已进入信息时代，竞争的成败已在很大程度上取决于掌握信息的速度和数量。

⑧质量观念。质量和品牌是相互依存的，是企业成功的两个重要因素。名牌产品无不依赖于产品的质量，因此，质量—品牌—成功是企业发展壮大的重要途径。

⑨人本观念。人力资源是企业最宝贵的财富，要尊重人、信任人，充分发挥企业员工的积极性和创造性。

（二）现代企业经营管理新理念的树立

1. 树立创新理念

人类历史就是不断创新的文明史。人类社会从农业社会、工业社会再到后工业社会，经济从农业经济、工业经济再到知识经济；社会交通由人力车、马车到火车、汽车、飞机；企业管理从泰勒时代把人当作机器一样对待，到现代企业管理的"以人为本"，都是不断创新、不断发展的过程。所以，企业要持续发展必须立足创新，包括理念创新、科技创新、制度创新、管理创新，以开拓创新为动力，走出一条以科技为主导的质量效益型发展路子。无数实践证明，创新是企业发展的成功之路。

市场经济是竞争经济，市场经济的主体要在市场竞争中求生存、求发展，企业竞争的前提是产品适销对路、质量要高、成本要低、服务要好，即按照市场经济的价值规律、供求规律、竞争规律经营企业，要达到这些要求就要在技术、经营、管理、制度、组织等方面实现创新，企业领导者、管理者、广大职工要全面提高素质，包括思想观念、技术业务、道德以及积极性、创造性、凝聚力等。

2. 树立风险危机经营理念

现代经济是有风险的市场经济，现代企业必须走向市场，适应市场并积极参与市场竞争，更要面对开放的国际市场的强大挑战。因此，企业经营具有风险性，目前全球新一轮产业结构的调整，企业的兼并重组，国际金融市场的不稳定，加上高新技术是高投资、高风险、高回报产业，失败率高达70%。所以说，现代企业经营的不确定因素很多其风险也越来越大。因此，企业必须增强危机感确立风险经营理念，目前我国的产品品种、质量、工艺、成本以及人员素质、管理水平与世界水平有很大差距，企业面临严峻的挑战，同时还面临前所未有的危机。从领导到广大职工都应树立风险经营理念，在市场经济激烈竞争的环境中群策群力，战胜困难、转危为安，求得生存和发展。

3. 紧紧抓住依靠科技进步的关键性因素

科学技术是现代企业发展的主要动力，在经济发达国家，如美国科技对经济的贡献率高达85%；在我国的经济发达省、市，如广东省的深圳市，科技对经济发展的贡献率高达75%；在现代工业园，如苏州现代工业园，科技对经济发展的贡献率高达70%。实践表明，现代经济的发展，科学技术是主要推动力，企业要做好五个方面工作来实现科技创新：一是增加科技投入，每年投入经费要不少于整个集团公司销售收入的5%；二是要引聘、培养高科技人才，事业是人创造的，没有创新型人才就没有创新型的事业；三是确立企业科技创新目标，主要是开发科技含量高、产品附加价值高、市场前景好的新产品，努力创建中国名牌和世界名牌，提高市场占有率；四是建立健全科技创新激励机制，重奖有特别贡献的科技创新型人才；五是用高新技术和先进适用技术改造传统产业与产品，使传统产业上一个新台阶，提高一个新水平。

（三）现代企业经营目标

1.经营目标的概念与作用

经营目标是指在一定时期内，企业的生产经营活动最终所要达到的目的，也就是企业期望达到的某种理想，一般用时间、数量、数字或项目来表示。

将企业的目的和任务转化为目标，能够指明企业在一定时期内的经营方向和奋斗目标，使企业全部生产经营活动重点突出，并成为评价经营成果的一个标准。这样能够减少生产经营的盲目性，引导企业不断前进。经营目标在企业中有着极其重要的作用，具体如下。

①指导企业资源的合理分配。资源包括物资、人力、资金、设备等。有了明确的目标，才能一致努力，降低消耗，合理利用资源。

②可以激发、调动职工的积极性与潜在力量，并组织全体职工为完成共同目标而一致努力。

③可以衡量经营的成效。由于经营目标是具体的，而多数是用数字、数量来表示的，因此有利于检查、考核，以衡量职工工作的努力程度和贡献大小。

④还可以创造企业的良好声誉。企业要创造良好的声誉，除了它的产品物美价廉外，还要得到社会的信任，如产品安全可靠、质量保证。

2.经营目标的类别及其内容

第一，成长性目标。它是表明企业进步和发展水平的目标。这种目标的实现，标志着企业的经营能力、经营水平有了明显提高。成长性目标包括：①销售额及其增长率；②利润额及其增长率；③资产总额；④设备能力、产品品种、生产量等。其中，销售额与利润额是最重要的成长性目标。销售额是企业实力的象征，而利润额不仅反映了企业的现实经营能力，同时也表明了它的发展潜力。

第二，稳定性目标。它主要反映企业的经营安全状况，有无亏损或倒闭的危险。稳定性目标包括：①经营安全率；②利润率；③支付能力。

第三，竞争性目标。它表明企业的竞争能力和企业形象。竞争性目标具体包括市场占有率和企业形象。其中，市场占有率是最重要的指标，它不仅表明企业的竞争能力，同时也能表明企业的稳定性。市场占有率过低的企业是极不稳定的，企业只有通过提高市场占有率，才能在激烈的市场竞争中站稳脚跟。

此外，企业的经营目标还可分为整体目标与个体目标，在国外多数企业称为组织目标与个体目标。一般地讲，在企业经营中整体目标是为实现企业目的而制定的，而个体目标是由企业的各个部门及工作场所为满足其各种需求而产生的。这两种目标，在内容、水平、基准、方向等方面虽然不相同，但均能对现实的行动给予强烈的影响。不仅如此，对于整体目标来说，个体目标有时会起反作用。因为在各个部门或工作场地，往往把个体目标摆在首位，整体目标反而被忽视。企业的整体目标包括以下几点。

①社会经济目标。其指社会和国家的要求，如产品的安全、无毒、卫生、斤两足、资源的综合利用、环境污染的防治等。

②业务范围目标。其指国内外市场的开拓，相关新产品的开发，多种经营的创办，特殊质量、效率、服务、利润、工作环境、行为规范等水平的提高，或产品的整顿、淘汰等。

企业的个体目标包括：销售额及销售增长率、利润额、利润率及投资回收率、市场占有率、劳动生产率、资金结构及比率、产品的项目、人力资源的配置与利用、组织结构的变动、工作环境的改善等。

社会主义企业的经营目标应该是多元的，既要考虑企业，又要考虑职工；既要考虑国家，又要考虑市场；既要考虑当前，又要考虑今后，并且这些目标互相结合，相得益彰。具体包括下列几点。

①贡献目标。企业对社会的贡献，是通过其创造的使用价值和价值表现的，因此，贡献目标可表现为产品品种、质量、产量、上缴的利税等。

②发展目标。表示企业经营的良性循环得到社会的广泛承认，具体表现为生产规模扩大，固定资产增加，流动资金、物耗和成本降低，经济联合的发展，生产能力、科技水平的进一步提高等。

③市场目标。市场是企业生存的空间，企业经营活力的大小还要看它的市场面及市场占有率的大小。市场目标包括新市场的开发、传统市场的纵向渗透、市场占有率的增长以及创造条件走向国际市场等。

④利益目标。这是企业经营活动的内在动力，直接表现为利润总额、利润率以及奖励与福利基金的多少等。

同时，在制定企业经营目标时需要注意以下几点。①突出关键。在制定企业经营目标时，要突出企业经营成败的重要问题和关键问题，抓住重点，切不可主次不分和目标过多，以免滥用资源而因小失大。②切实可行。经营目标既不能是现实中不可能达到的，也不应该是很容易就可以达到的。因此，在制定目标时必须全面分析企业各种资源条件和主观努力能够达到的程度。只有经过努力可以达到的经营目标才有意义。③定性和定量相结合。将定性分析和定量分析结合起来，使经营目标尽可能用数量指标或质量指标来表示，并保持一定的可比性。

（四）创新经营

企业要在复杂多变的环境下求得生存和发展，必须主动变革，锐意创新。因此，创新能力大小是决定企业经营成败的重要条件。创新经营，就是对企业经营管理的各个方面和各个环节进行变革，运用创造性思维，探索和开发新产品、新技术，寻求和采用新制度、新方法的过程。

1. 创新经营的特征

创新经营，也可表述为经营创新，从其内在含义看，具有以下几个特征：①创新经营强调的不是"变革"的内容，而是创新精神和变革的实践，是促成、实现新事物的过程；②创新经营依赖于企业中人的能力与素质；③创新经营是企业管理能力的综合体现；④创新经营包括企业经营管理活动的各个方面的创造和变革。

2. 创新经营的主要内容

①组织管理与制度的创新。企业的组织结构、管理思想、管理方法和管理制度等不应是僵化不变的，必须随着外部环境的变化而相应变化。

②经营目标与战略的创新。企业经营目标与经营战略也要谋求与外部环境的动态适应，随着社会经济、政治的发展和市场需求的变化，做出相应的变革。

③产品与技术的创新。企业要适应消费需求的变化与科技的迅速发展，必须不断地进行产品创新，发展新产品、新材料、新工艺、新技术，创造新的市场机会和消费需求。

④营销方式与策略、手段的创新。为适应市场的变化及开拓新的市场领域，企业必须经常对现有的营销、服务方式与策略手段进行总结，研究分析其单项或结构缺陷，从顾客那里吸取新的思想，不断寻求满足顾客需求的新方式、新手段。

3. 创新经营的原则

美国学者彼得·德鲁克（Peter Drucker）概括的六条创新原则，对我国企业创新经营同样具有重要意义。①分析创新机会的各种来源，这是有目的、有计划创新的开始；②走出去观察、访问，倾听消费者的要求和期望，这是创新的必由之路；③有效的创新必须简单、集中，它应该只做一件事；④有效的创新在开始时不要把摊子铺得太大；⑤创新一开始就以充当领导者为目标，争取成为标准的设计者，并决定新技术和新产业部门的方向；⑥创新需要才干、机智和知识，但更需要努力和专心致志的工作。

4. 创新经营的条件

一个富于创新精神的企业，必须具备创新的条件，才能保证企业在创新经营活动中取得成功，这些必备的条件有以下几方面。

①革新型的领导。企业创新经营的首要条件是有一个革新型的，而不是官僚式的领导群体。这个群体的成员自身要树立创新观念和实干精神，除了要具有一般意义上的领导能力外，还要具备带动、促成和领导企业创新活动的新的领导技能，即预见技能、想象技能、价值综合技能、授权技能和自知及反省技能。

②创造型人才。现代管理理论认为，创造型人才具有以下特征：思想活跃，具有丰富的想象力；果敢坚毅，富于冒险精神；满腔热情，充满献身精神；突出自己，富有竞争精神。

③有利于创新的企业环境。这些环境条件包括：树立职工的主人翁感；放松控制，鼓励创新；容忍失败，鼓励试验和冒险；有利于创新人才脱颖而出的提升和奖励制度。

二、现代企业经营环境与竞争优势分析

（一）基本经营环境与竞争优势

1. 基本经营环境

企业外部经营环境是指影响企业经营活动的各种外部因素的总称。通过环境分析，企业创办者能够明确企业可以经营什么以及应当经营什么。影响企业经营环境的因素是多方面的。按影响因素的性质不同，可分为直接环境因素和间接环境因素两类。

（1）直接环境因素

企业的直接环境又称为企业的微观环境，是指企业经营活动参与者的总称。供应商→企业→中间商→顾客这一链条形成了企业经营的中心环节，也就是说企业经营的主要参与者主要是指供应商、中间商和顾客。除此以外，还有两个不可忽视的参与者，即同行业的竞争对手和社会公众。下面就这几类参与者进行分析。

①供应商指的是原材料和商品的供应者。

②中间商指提供货物等中介服务的机构，主要指批发商、零售商和实体分销商。

③顾客是指购买货物的单位或者个人。顾客可以是个人，也可以是单位。政府机构和非营利组织是重要的顾客，我们通常称为社会集团购买力。

④竞争者指的是生产和经营同类产品的企业。对竞争状况的分析可以从以下几个方面入手。其一，同行业中竞争对手的数量分析。其包括本地区同行业企业的数量及规模，以及全国范围内同行业企业的数量及规模等。其二，竞争者的地位分析（领导者、挑战者、追随者和拾遗补缺者，主要以市场占有率为标志）。市场领导者是指在同行业中占据第一位市场占有率的企业，挑战者是指占据第二位、第三位市场占有率的企业，其他的企业则为追随者和拾遗补缺者。其三，竞争的手段分析。竞争的主要手段有"成本领先"和"别具一格"。成本领先是价格竞争，通过规模生产，降低产品的生产价格，来取得竞争优势。

别具一格是非价格竞争，包括产品、渠道和促销等方面的竞争。例如，海尔产品并不降低价格，往往通过提高产品质量、服务水平和开发新的产品功能等来提高产品的竞争力。

⑤公众是指对企业利益和行为产生影响的群体。公众的意愿和公众反映，对企业的生产经营活动将带来直接的影响。公众包括融资公众，主要指银行和保险公司等金融机构；媒体公众，主要指广播、电视、报纸、杂志等新闻单位；政府公众，主要指工商、税务等部门；公民团体，主要指消费者协会等。

（2）间接环境因素

间接环境因素又称宏观环境因素，是指对企业的经营带来间接影响的环境因素的总称。间接环境因素包括下列几种。

其一，人口因素，主要包括：人口的数量及增减趋势；人口的结构，即年龄结构和城乡居民结构等；家庭的数量及规模。

其二，宏观经济因素，主要包括：经济体制；经济杠杆，即税率、利率和汇率等；经济政策，即国家产业政策、价格政策、外商投资政策等。

其三，自然环境。其指企业所处的地理位置及其自然资源状况。企业坐落在山区，还是建在平原；是建在北方，还是建在南方；是靠近河流，还是毗邻矿山，这些都是企业的自然环境。

其四，科技环境。其指当前的科技发展状况。科学技术的发展日新月异，尤其是电子和通信技术的发展推动了企业生产经营的自动化，"无人车间"和"无纸化贸易"将逐步变成现实。科技的不断进步，必将为提高企业的经营管理水平创造条件。

其五，政治法律环境。其指同企业有关的政治制度和法律法规的总称，如反不正当竞争法、商标法、专利法、广告法、价格法等，构成了企业的法律环境。

企业参与竞争时，就必须遵守反不正当竞争法；在制定产品价格时，就必须按照价格法的要求行事。

其六，社会文化环境。其指人们的文化水平和价值观的总称。如果企业所在地的居民文化水平较高，则在需求方面就有不同的要求。价值观包括道德、宗教、风俗、信仰等，价值观不同，对企业的经营也将带来重要的影响。

2. 企业的竞争优势

当一个企业的利润率高于行业平均水平时，则该企业具有竞争优势；当一个企业的利润率持续高于行业的平均水平时，则该企业具有持续竞争优势。企业在经营过程中，必须确立自己的竞争优势，才能在竞争中立于不败之地。而只有认真分析企业的经营环境，才能把握机会，规避风险，并正确认识自我，扬长避短，建立真正的竞争优势。

（二）企业经营环境的分析

企业经营环境的分析，应包括外部环境和内部环境两大部分。外部环境分析包括对一般环境的分析、行业环境的分析和具体环境的分析。通过外部环境的分析，主要是找出企业的经营机会，发现企业面临的威胁，以抓住机会，规避风险。内部环境分析，主要是对企业业绩的分析和企业战略选择的决策性因素的分析。通过内部环境的分析，主要是找出企业的优势和发现企业的隐忧，以发挥优势，铲除隐忧，真正构建企业的经营优势。

1. 内部环境分析

（1）绩效分析

绩效分析的意义在于通过对量化指标进行分析比较，了解和把握企业的现状与资源状况，找出企业的优势所在。企业经营绩效的指标可分为五大类：①成长性指标，主要反映企业的经营能力和扩张能力；②效益性指标，主要反映企业的获利能力；③安全性指标，主要反映企业的短期偿债能力和长期偿债能力；④流动性指标，从资本各种形态的流动性角度反映企业资本的利用水平和经营效率状况；⑤生产性指标，从企业员工生产率的角度反映企业人均经营能力、经营成果以及经营成果的分配状况。

绩效分析的重点在于与历史时期、行业水平、主要竞争对手的比较，否则将失去意义。

（2）对企业战略选择的决策性因素分析

企业内部战略要素包括企业组织结构、企业文化和资源条件等，这里重点对影响企业战略选择的资源进行分析。

企业经营战略的制定必须建立在对企业资源条件全面认识的基础上，即通过对企业资源能力的结构分析，识别资源条件的关键战略要素，找出其存在的战略优势与劣势。

首先，企业资源能力结构。企业资源能力结构是由企业经营要素决定的。管理专家用"6M+T = I"八大要素本身的素质及其相互结合的形式体现企业资源能力结构。

①人力（Manpower）。人力资源通常是指企业内具有劳动能力的人的体力和脑力的总和，它是劳动力的数量、质量和专长的统一，是企业的第一资源。

②资金（Money）。资金是企业财产和物质的货币表现，企业的生产经营活动过程，也是资金运动的过程。

③物料（Materials）。物料是指企业生产经营活动所需各种原材料和辅助材料等的总称。企业生产过程，也是物料的消耗过程。

④机器设备（Machine）。机器设备是企业的"骨骼"系统，是现代化生产物质技术基础。

⑤营销方法（Methods）。营销方法或技术是指企业在市场上所从事的旨在取得利润的各种活动。企业竞争优势在较大程度上取决于市场营销方法的优劣，特别是营销组合策略的优劣。因此，营销方法是企业资源的一种特别能力，关系到企业战略目标的实现。

⑥管理（Management）。管理是指利用各种企业管理职能，有效地运用人力、资金、物料、机器设备、营销方法等因素，使企业取得最大的经济效益。

⑦时间（Time）。时间是企业生产经营活动诸因素中最宝贵的资源。对企业战略管理来说，对时间的重视主要表现在把握时机，抓住机会，这样才能出奇制胜；市场竞争要求快速响应，注重货币的时间价值。

⑧信息（Information）。信息是指为做出一项决策而必须具备的新知识。当今决定企业经营水平和企业能力的已不仅仅是装备、技术等，还取决于企业占有信息的程度。

其次，战略因素的分析与评价在对企业资源能力结构系统认识的基础上，就可以对资源条件的战略因素进行分析与评价，从而弄清企业在资源条件方面的关键战略以及优势和劣势之所在。

①历史比较法。历史比较法要求企业战略层将本企业的历史状况作为对企业内部战略因素进行比较的基础。

②竞争对手比较法。同一行业内的不同企业在营销技术、资金来源、生产设施、专门技术、管理能力、人员素质等方面都存在着差别，这些差别便形成了企业间的相对优（劣）势。因此，在制定企业战略时，有必要将本企业主要内部能力与竞争对手相比较，从而找出企业的主要优（劣）势。

2. 外部环境分析

企业的外部环境因素一般可分为三大类：一般环境因素、具体环境因素和行业环境因素。

（1）一般环境因素

一般环境因素是指对某一特定社会所有企业或其他经济组织都产生影响的环境因素，主要包括以下几点：①经济因素主要指国民经济的发展情况，包括利率、通胀率、可支配收入、债券市场指数以及一般的经济周期等；②政治法律因素指总的政治形势及立法和司法现状，包括国家政局的稳定性、社会制度、党派关系、相关法律法规以及产业政策等；③社会文化因素包括社会价值观的变化，以及由此引起的社会成员行为态度的变化和人口数量及结构的变化等；④技术因素主要指目前的社会技术总水平及其变化趋势；⑤自然因素包括地理位置、气候、资源、自然灾害等因素。

（2）具体环境因素

企业的具体环境是指对某一特定企业构成影响的环境因素。具体环境分析一般要考虑以下主要因素。

①销售市场。顾客的需求或市场需求以及竞争者的情况是销售市场最重要的因素，了解销售市场必须对顾客和竞争者进行研究分析。

②供应市场。企业生产所需要的各种物资要从供应市场上取得，供应市场的变化会影响生产。企业应特别关注原材料、能源和协作件的供应情况，使企业生产能得到可靠的物质保证。

③资本市场。资本市场的发展为企业的发展提供了资本来源。企业可以通过发行股票和债券筹措资本，并通过资本的有效运营获得较高的经济效益，以增强企业的竞争能力。

④人力资源。人力资源在质与量方面的供应情况将影响经营战略的选择与实施，企业应看到人才的重要性。

⑤有关政府部门和社会组织政府部门是指为国家及社会利益而监督企业经营的各有关部门，如财政局、税务局、劳动局、质检局、工商局等。在社会上，为了公众利益，也有许多组织，如消费者协会、绿色和平组织等，会对企业进行监督。

因此，企业的管理者也必须理顺同这些部门组织之间的关系，在它们的监督约束下进行生产经营活动。

（3）行业环境因素

行业环境是一般环境与具体环境的结合面，它是对本行业内的所有企业都产生影响的环境因素。行业环境的分析主要有以下两方面的内容。

首先，行业发展阶段、规模和趋势分析。确定行业的各种阶段是行业分析的第一步。识别一个行业处于哪个发展阶段，可以用行业生命周期的理论和方法来进行。

行业的发展是有周期的，它同样会经历幼稚期、成长期、成熟期和衰退期四个阶段。在不同的阶段，有不同的市场和竞争特点，企业可根据这些特点来判断自己所处行业的发展阶段。

行业的规模和发展趋势与行业在社会经济中的地位和作用有着密切的联系。行业在社会经济中的地位高、影响面大，行业的规模就大，其发展速度就快。行业在社会经济中的地位和作用主要表现在三个方面：①行业的销售额占国民生产总值或国内生产总值的份额，利税额和就业量分别在国民生产总值或国内生产总值、财政收入和就业总量中的比重；②政府的产业政策以及行业的现状和未来对整个社会经济及其他行业发展的影响程度；③行业在国际市场中的竞争能力。

其次，行业竞争结构分析——波特模型。美国哈佛大学商学院教授波特（Porter）将企业的竞争因素概括为四种基本力量，提出了一个产业竞争结构的基本模式，即波特模型。

①新竞争者的入侵威胁。利用波特模型对新加入者进行分析的目的是要了解所在行业阻止新企业进入的能力和方法。

②现有竞争者之间的竞争。现有竞争者之间通常以价格竞争、广告战、改进产品和技术、增加顾客服务等方式争夺市场地位。

③分析买方和卖方力量。了解买方和卖方的力量是为了弄清在行业中企业与其客户和供应商之间谁占主导地位，从而基本确定企业与买方和卖方的关系。

④替代产品的威胁。替代产品是指在功能上能部分或全部代替某一产品的产品。当行业中的产品存在替代品时，替代品便对产品的生产企业构成威胁。

为了减少替代品对企业的威胁，企业也会设法扩大产品的差别化程度，强调替代品所不能发生作用的方面。

上述这四种基本竞争力量都可能在企业竞争中产生影响。当然，在不同的行业中，这些因素对企业的竞争压力是不同的。分析竞争压力的来源，了解企业所处行业的竞争特点，使企业做到知己知彼，百战不殆。

第二节 现代报业经营理念创新

一、报业产业经营与管理

（一）报业产业经营与管理的概念

从现代管理科学来分析，报业产业经营与管理同其他行业的经营与管理，特别是产业经营与管理并没有多么大的区别，它是指对经营要素和人、物、事等组成的某一个系统的运动、发展和变化进行的有目的、有意识的配置、协调和控制行为。

所谓报业产业经营，即具体的某一报社为了保持和壮大报业经济势力而对所属的人、财、物等经营要素实施有效配置和协调的各种方法与手段。报业产业经营与报社的经济利益是密切相关的，办报纸没有经济利益的驱动就不可能重视报业的经营。改革开放以来，随着我国经济体制由计划经济向市场经济过渡，报社的资金来源发生了很大的变化。我国报业产业经营活动是以"事业单位，企业化管理"为开端的，使各级各类报社逐渐与政府财政"断奶"，一步一步走向市场，走向报人们所不熟悉的自食其力的生存环境。由于能不能以自己所提供的服务从市场上获得回报以及获得回报的多少，直接关系到报社的生存状态和报社员工的切身利益，因此，报社就不得不改变传统的内部组织方式，使之更适合市场经济的要求，更有利于发挥每个员工的生产积极性，于是报业产业经营也就提上了各报社的议事日程。

所谓报业产业管理，即对整个报纸行业的各种行为实施计划、组织、指导、协调和控制的过程。按照管理者的主体不同，一般可分为政府管理和行业管理以及报社内部管理三个层次。政府管理，指的是政府通过立法手段和必要的行政手段对报业产业所实施的控制、约束和调节。就一般意义来说，只要有国家存在，就有政府对报纸的管理。这种管理多侧重于政治和法律的范畴。行业管理，指的是报纸的行业协会通过行规和自律公约等手段对本行业所实施的行为约束。报业的行业管理一般侧重于从业人员的职业道德和报社之间的公平竞争等方面。报社内部管理是某一报社内部根据国家的政策、法规以及行业内部的具体行规的要求而实行的自律约束行为或方式。

（二）报业产业经营与管理的目标

在报业产业的发展过程中，报纸作为党和人民的宣传工具，无论何时，都要把社会效益放在首位，社会效益的实现是报业产业存在的根本，也是社会主义国家对报业产业的根本要求。但是，在市场经济的环境中，要使报业产业机构成为一个独立的经济实体，必须有雄厚的经济实力作为后盾，这就需要经营，要求报纸的经营与管理者在获取理想的社会效益的前提下，还要重视经济效益。另外，报业的产业化运作也要求报业产业经营与管理者必须重视经营，重视经济效益，这是关系报业产业的存亡和发展的核心问题。因此，报业产业经营与管理的目标就是实现社会效益和经济效益的并举。不能为了社会效益而忘记了经济效益，更不能为了追求经济效益，置社会责任而不顾，给社会带来种种不良的影响。

二、报业经营理念的创新转变

从多媒体环境下的报业经营环境，我们进入了一个信息过剩，甚至是信息泛滥的时代，由此带来了眼球疲劳和注意力的衰竭，只有惊人之举才能惊人眼球。默多克（Murdoch）说，人们越是陷入信息沼泽，可能会转而只相信权威信息。如果关于报纸有什么预言的话，可能就是报纸的数量会越来越少，读者会向公信力强、影响力大的媒体聚集。对于媒体人来说，将来做新媒体还是旧媒体已经不是问题的关键，重要的是我们是不是在做只有人能做的事，而不是和机器竞争。

考察美国和日本，美国更多的是模式呈现，在互联网里有非常多的商业模式，中国成功的商业模式，鼻祖都在美国，反观日本，创新都在技术层面上，日本把自己强势的行业，从技术层面挖掘到了无与伦比的地步，这是中国最缺乏的。与他们的企业交流，一个感受，就是在日本做起来太慢，发展的空间太专一，两代人几十年的一个小公司，可能是给丰田做的，然后到世界做，从老总到员工都是很俭朴的生活。有教授曾说，要做好一个公司，就要慢慢做。中国需要商业模式拉动，但到了一定的时候，我们必须有更多的技术创新，来弥补现实存在的市场缺口。前面说到了对于新媒体不必恐慌，但是新媒体所带来的新的经营理念，必须引起人们的重视。

（一）实现从宏观趋势到微观趋势的转变

我国总体存在粗放，或者是宏观的状态，有的忽略了与老百姓相关的服务业的开发，有的满足现有的广告的开发格局，很少想未来的事。美国的经济学家，在看到了亚马逊等网络电影，推翻了传统的认识，以较低的成本选择更多的时候，说出"现实的世界是短缺的世界"，这个观点是 2004 年提出来的，这就是后来非常流行的"长尾理论"；另外一部分，从研究美国的总统选举的投票人群出发，得到相类似的结论，就是 1% 的人影响事态发展，如他们发现了有一群专门陪孩子练球的妈妈：网络的崛起提醒我们，必须更多地关注那些微小而具有长尾特征的产业、行业或产品，它将为我们带来意想不到的收获，赚每个人很少的钱，数量累积起来就能赚很多钱。

（二）从传统营销到湿营销的转变

网络传播的一大特征，就是它的湿度，就是人与人之间，在传播过程当中的润滑程度。这绝不是网络所特有的观念，恰恰是传统媒体以前一直忽视所留下的空白。我们要保留的是，怎样才能使我们的传统营销加快。湿营销是指网络时代社会组织、营销通路和传播结果都发生了聚合性变化，社会碎片化的同时，人际关系也发生了新的重构，圈子营销、互动营销、口碑营销成为新营销的重要手段。事件营销的特点是不容易引起受众排斥，具有二次传播效果，能带来延时效应，更直接地接触到消费者，及时获取市场反馈，可以把要传达的目标信息传播得更准确、详尽。有专家说过，消费者不会记得商家说过什么，也不会记得商家做过什么，只会记得让他体验到什么。史玉柱也说过，央视的一些广告漂亮得让人记不住，所以要通过湿营销来实现更具黏合力的传播效果。

（三）点传播到场传播的转变

与点交流相比，场交流是一种螺旋式的往复交流，每一次往复交流，产生的作用效果都不同，当分享交流越充分，其交流增值效应变化会越大。我们首先用气场引得注意力，从而达到传播效果；其次通过和其他的报纸、广播、电视、网络、手机广告等交叉组合，并通过专业的做法，对信息的深加工形成传播立体化效果，当然还需更深入整合、投资跨媒体资源。

三、报业产业经营与管理理念的演变过程

报业产业经营与管理是市场经济条件下对报业活动提出的一种经济要求，所谓报业产业经营与管理理念就是在报业产业市场形成、发展、壮大、取得成

就的过程中逐渐形成的怎么样保持和壮大报业产业实体经济实力的一整套想法和思路。随着我国市场经济的发展和逐渐成熟以及我国报业产业逐渐走向市场的过程，有关报业产业的经营与管理理念也相应发生着变化。

（一）事业单位实行企业化管理

改革开放之初，《人民日报》等首都数家新闻单位提出了"事业单位，企业化管理"的办报要求，这是新时期中国报业产业面向市场的经营观念形成的开端。它确立了一个新的观念：报社作为一种特殊的事业单位也可以通过"企业化的经营活动"获得经济上的产出。"事业单位，企业化管理"方针的实施，使报纸普遍恢复了广告业务，个别报社开始尝试发行方式的改革，走自办发行的道路，并开始承揽诸如印刷、咨询等办报活动以外的其他经营性业务。

（二）事业与产业并重

随着"事业单位，企业化管理"方针的实施，许多报社在经济上与国家财政"断奶"，走上了自收自支、照章纳税、自主经营、自负盈亏的产业化经营道路。实践证明，报社完全可以不依赖财政拨款，通过自己的经营活动从市场上获得劳动价值的补偿与增值，于是"两个效益并举"的报业产业经营与管理理念开始在报业界形成。

报纸作为党和人民的宣传工具，强调社会效益是第一位的，这就决定了报业事业性的一面。但是，在市场经济条件下，报社要作为一个独立的经济实体，就必须有雄厚的经济实力为后盾，这就需要经营，需要讲求经济效益，从而决定了报业的产业性的一面。根据这种现实，报社既是事业单位，又是产业实体，于是在报业经营与管理上就形成了事业与产业并重的"新观念"。这种新的报业经营与管理理念和"事业单位，企业化管理"相比是一个进步，它不再把报业产业经营看作弥补报社资金不足的一种辅助手段和权宜之计，而是把报业产业经营置于与办好报纸同等重要的地位，把报业产业经营看作办报活动的一个有机组成部分，是长远之计、生存之计、发展之计。

（三）"三个轮子"新理念的提出

进入 20 世纪 90 年代以后，随着报业经济的飞速发展，报业经营运作方式的研究受到了人们的重视。报业界一些市场意识比较强的先进分子已认识到报业产业的生存和发展主要不是靠销售报纸来支撑的，而是通过办好报纸，扩大发行量，营造自身的传播效能，并且在此基础上通过向广告商销售这种传播功能，从而以刊登广告的形式获得价值补偿和价值增值。因而，提出了"报业无形资产""发行量是报业经营基础""强化传播网络经营"的新的报业经营与管理理念。由于这些新理念的提出，人们形象地把它们概括为"三个轮子"的经营理念，即把整个报业产业实体看作"一辆三个轮的车子"，"前轮"是编辑部，创造着潜在的社会效益；"第二个轮子"是发行部，将编辑部创造的潜在社会效益转化为现实的社会效益；"第三个轮子"是广告部，将编辑部和发行部共同创造的社会效益转化为经济效益。"三个轮子"的经营理念的形成，为报业在市场经济条件下开展产业化经营寻找到了一条新路子。

（四）报业集团化意识

在报业产业化经营的征途上，许多报业产业经营与管理者已意识到，要增强自身的经济实力与适应市场变化的能力，必须实行规模化经营和集约化经营，这是我国报业产业发展的必由之路。于是"报业集团化"的经营与管理理念在报业界已逐渐形成，这是我国报业界面对市场竞争而自觉形成的增强报业产业经济实力的新思想、新理念，它意味着一个中国式的报业产业"联合舰队"将要形成；意味着由一报一业的单向经营向多产业的复合型经营转变；意味着以报为本，兼营他业的多种经营模式在中国报业界的形成。但是，由于政府主管部门决策的失误，运用单一的行政手段把本质上的报业产业集团人为地定性为"事业"性报业集团，利用行政力量改变了报业产业的发展方向，失去了组建报业集团的真正意义。

（五）产业化经营理念的形成

在理论界，报业产业观早已经形成，并做过较详细的理论论证。整个媒介系统已统一了媒介产业化经营的认识，现在的关键问题是如何实施产业化经营。正是在这种大环境下，不仅出台了许多关于媒介产业化的政策，而且在一些市场经济比较发达的地区已开始了真正意义上的产业化经营活动。

四、报业产业经营与管理理念

（一）报纸品牌理念

成功的品牌是长期、持续地建立产品定位与个性的成果。品牌一旦形成将会给经营者带来许多有形及无形资产，其中包括良好的声誉、顾客忠实度以及随之而来的市场优势地位和巨额利润。

报纸的品牌，是报社的无形资产的重要组成部分。报纸品牌的培育，包括报纸质量的提高、报纸自身的形象塑造、报纸发行结构的改善等。报业是一种具有双重功能的产业，一旦品牌形成后，可以强化读者的认知，使其在激烈的报业市场竞争中迅速地被辨识和认同，从而与读者建立长期的较为稳定的关系。报纸品牌是报业文化的集中体现，品牌观要求报纸经营者建立一套完整的品牌企划，并使相关报业活动都能体现品牌本身的核心价值与精神。品牌观是基于"以读者为中心"观念基础上的一种新观念。

（二）报业市场理念

一般说来，衡量、评价报纸价值的指标有三个，即报纸的发行量、影响力（社会效益）和经营收入（经济效益，当前主要是广告收入）。这三项指标同处于一条因果链上，即发行量是报纸销售的数量，它是报纸经营状况最基本的体现；影响力是报纸发行后在受众中产生的影响，由于报纸经营的是信息类产品，具有很强的再生性、扩散性特征，再加上我国报纸的特殊地位，报纸的影响力往往会高出报纸发行量的若干倍向外散播；广告是报业经营的主要增值方式之一，也是当前报社收入的主渠道，广告量的大小决定于报纸的发行量，同时也是报纸的经济基础及其能否在报业市场上占据优势竞争地位的前提。报纸价值指标的最后评判者是读者，这就决定了读者永远是报业的生命线，报纸只有满足了读者需求才能有较好的发行量，才能吸引更多的广告客户，才能获得较好的经济效益，进而才能在市场上占有一席之地。报纸在开展各项经营活动时都要将读者利益优先考虑。

（三）求变与求新理念

现代报业市场的形成，使得报纸可以以一种商品的形态出现在市场上，商品的特性要求报纸只有在满足读者需要的情况下方能完成其价值转换。而读者口味、市场情况都处于不断的变化之中，这要求报纸经营者在办报时要了解受众和适应市场，不断寻求新的卖点。另外，报纸是一种大众传播媒介，这种双重身份必然要求报纸具备一定的时效性和真实性，因此，办报人在确立经营与管理理念的过程中必须培育报业从业人员的求新、求真的品质。

（四）报纸 CI 理念

企业识别（CI）是从欧美国家发展起来的一种企业经营与管理理念，它是将企业文化运用整体传达系统（特别是视觉传达设计），传给企业周围的关系者或团体（包括企业内部与社会大众），并使其对企业产生一致的认同感与价值观，也就是结合现代设计观念与企业经营管理理论的整体运作，以刻画企业的个性，突出企业的精神，使消费者产生深刻的认同感，而达成促销目的的设计系统。将 CI 运用到报纸行业，就形成了报纸 CI。报纸 CI 由理念识别系统、行为识别系统及视觉识别系统三部分组成，其中理念识别是报纸 CI 的根本，是报纸的精髓所在，体现了报业经营与管理的理念精神；行为识别则要求报业在其经营活动中以全体员工统一的行为要求和行为准则，包括应用统一的语言、统一的行动来给公众展示报纸的形象；而视觉识别是报纸在报纸标志设计、报纸广告宣传中以特定的色彩、图案、语言、文字来表达体现报纸的形象。报纸 CI 是一个极其宽泛的概念，既包括报业经营与管理组织文化，也包括组织内部各类报纸的品牌形象，还包括组织行为协调系统以及与整体相配合、统一连贯的目标识别系统。建立报纸 CI 经营与管理理念能使人们从一个整体的视角来组织报业的经营行为，并能够以组织整体战略目标为依据，采用多种手段促进营销目标的实现。

第三章　现代企业的经营与管理战略

随着我国经济的飞速发展，市场竞争日趋激烈。在经济全球化的市场经济体制下，企业要想立于不败之地，必须树立现代企业的经营管理理念和发展战略。本章分为现代企业的经营战略、现代企业的管理战略以及现代报业产业的经营与管理战略三部分，主要内容包括：经营战略的概念、经营战略的特点、竞合战略、战略联盟等。

第一节　现代企业的经营战略

一、经营战略的概念

"战略"一词是军事上的一个概念，来自战争的实践，原指将帅指挥战争或战役的谋略和艺术。《辞海》上解释为"对战争全局的筹划和指导"。"战略"一词已广泛运用于政治、经济、社会、文化、教育、科技等各个方面，其一般含义是指带有全局性、长远性和根本性的重要谋划与方略。

战略已逐步运用于企业生产经营活动之中，因而叫企业战略或企业经营战略。所谓经营战略，是指企业为适应不断变化的环境，面对激烈的竞争，根据当前和未来有可能出现的各种条件，为确定企业发展目标和实现目标的途径、措施、手段，谋求企业生存和不断发展所做出的总体性、长远性的谋划和方略。它是企业家指挥竞争的经营艺术。军事家靠正确的军事战略决胜于战场，企业家靠正确的经营战略决胜于市场。从企业经营战略的定义中，应把握以下要点。

①表明了经营战略工作的性质。它是属于企业总体性、长远性的谋划与方略，是企业高层管理者为解决企业未来发展而绘制的美好蓝图，指明了企业发展的方向和道路。

②指明了企业经营战略制定的依据。以未来市场需求的变化和竞争的趋势，企业内外环境提供的各种条件为依据而制定。

③阐明了战略制定的目的。该目的主要是确定企业未来一定时期的战略目标，确保企业长期的生存和实现持续的发展。

④明确了目的、目标和途径、手段的关系。经营战略是实现企业发展目的和目标的关键手段。

经营战略的实质主要回答企业变革和发展方向的重大问题：①企业生存和发展的重大问题；②企业变革的重大问题；③变革和发展的方向与目标；④变革和发展的途径。因此，经营战略的实质就在于寻求变革和创新，创造性地进行经营，这样企业才能适应当前的环境，也能适应未来的环境要求，从而获得生存和持久的发展。

二、经营战略的类型

经营战略是企业总体战略的具体化，其目的是使企业的经营结构、资源和经营目标等要素在可以接受的风险限度内与市场环境所提供的各种机会取得动态的平衡，实现经营目标。人们按照不同的标准对企业的经营战略进行了许多不同的分类。经营战略的多种分类，为企业选择经营战略提供了广阔途径。

（一）按照战略的目的性分类

①成长战略是指企业为了适应企业外部环境的变化，有效地利用企业的资源，研究企业为了实现成长目标如何选择经营领域的战略。成长战略的重点是产品和市场战略，即选择具体的产品和市场领域，规定产品和市场的开拓方向与幅度。

②竞争战略是企业在特定的产品与市场范围内，为了取得差别优势，维持和扩大市场占有率所采取的战略。竞争战略的重点是提高市场占有率和销售利润率。

企业经营战略归根到底是竞争战略。从企业的一般竞争角度看，竞争战略大致有三种可供选择的战略：低成本战略、产品差异战略和集中重点战略。

（二）按照战略的领域分类

①产品战略主要包括产品的扩展战略、维持战略、收缩战略、更新换代战略、多样化战略、产品组合战略等。

②市场战略主要有市场渗透战略、市场开拓战略、新产品市场战略、混合市场战略、产品寿命周期战略、市场细分战略和市场营销组合战略等。

③投资战略是一种资源分配战略，主要包括产品投资战略、市场投资战略、技术发展投资战略、规模化投资战略和企业联合与兼并战略等。

（三）按照战略对市场环境变化的适应程度分类

①进攻战略可分为技术开发战略、产品发展战略、市场拓展战略、生产拓展战略。进攻战略的特点是企业不断地开发新产品和新市场，力图掌握市场竞争的主动权，不断地提高市场占有率。进攻战略的着眼点是技术、产品、质量、市场和规模。

②防守战略也叫维持战略，其特点是以守为攻，后发制人。所采取的战略是避实就虚，不与对手正面竞争；在技术上实行拿来主义，以购买专利为主；在产品开发上实行紧跟主义，后发制人；在生产方面着眼于提高效率，降低成本。

③撤退战略是一种收缩战略，目的是积蓄优势力量，以保证重点进攻方向取得胜利。

（四）按照战略的层次性分类

①公司战略是企业最高层次的战略，其侧重点是确定企业经营的范围和在企业内部各项事业间进行资源分配。

②事业部战略是企业在分散经营的条件下，各事业部根据企业战略赋予的任务而确定的战略。

③职能战略是各职能部门根据各自的性质、职能制定的部门战略，其目的在于保证企业战略的实现。

三、经营战略的特点

（一）全局性

经营战略是根据企业总体的发展而制定的，通过对企业各种经营资源的优化配置，发挥出企业的整体功能和总体优势。它规定企业的总体行动，追求企业的总体效果。企业的各个重要环节、各个专业职能活动，虽是局部的，但作为总体行动的有机组成部分，对发挥企业的整体效能有重要影响，因而也是带全局性的。

（二）长远性

战略不是着眼于解决企业眼前遇到的麻烦，而是迎接未来的挑战。它是在环境分析和科学预测的基础上展望未来，为企业谋求长期发展的目标与对策。凡是为适应环境条件的变化所确定的、长期基本不变的行动目标和实现目标的行动方案都是战略。而那种针对当前形势灵活地适应短期变化、解决局部问题的方法都是战术。企业的经营战略既是企业谋取长远发展要求的反映，又是企业对未来较长时期（五年以上）内如何生存和发展的通盘筹划。虽然它的制定要以企业外部环境和内部条件的当前情况为出发点，并且对企业当前的生产经营活动有指导、限制作用，但是这一切也都是为了更长远的发展，是长远发展的起步。

（三）竞合性

竞合性即具有竞争性和合作性的特点。竞争性又叫抗争性，指经营战略是企业在竞争中与对手相抗衡的行动方略，即针对来自国内外各方面的对手的冲击、压力、威胁和困难所制定的迎接挑战的行动方案。通过经营战略的实施，扬长避短，取得优势地位，战胜竞争对手，保证自己的生存和发展。合作性是指在竞争的基础上，在一定条件下实现与竞争对手的合作。市场上的抗争性与战场上的对抗性不同，战场上敌我双方为战胜对手往往会拼个你死我活。市场上参与竞争的各方不一定如此。面对更强大的对手，弱者各方可以联合起来，对付强大对手，实现双赢。即使实力强的企业也需要实力弱的中小型企业协作配合，共谋发展。通过竞争走向合作，这也是一个重要趋势。

（四）纲领性

经营战略规定的是企业总体的长远目标、发展方向、经营重点、前进道路，以及基本的行动方针、重大措施和基本步骤。这些原则性的规定，具有行动纲领的意义，尤其是经营战略中的战略目标更是全体职工的奋斗纲领。这些战略目标、战略方针必须通过展开、分解和落实等过程，才能变为具体的行动计划。

（五）相对稳定性

由于经营战略规定了企业的发展目标，具有长远性，只要战略实施的环境未发生重大变化，即使有些变化，也是在预料之中的，那么企业经营战略中所确定的战略目标、战略方针、战略重点、战略步骤等应保持相对稳定，不应该朝令夕改。但在处理具体问题、不影响全局的情况下，也应该有一定的灵活性。

四、经营战略决策

（一）经营战略决策的基础

经营理念是制定经营战略的基础。经营理念是企业的行为准则，企业可以据此对自己的行为进行自我控制和自我约束。企业领导者的战略思想是在一系列战略观念和经营理念的基础上形成的，没有战略观念的指导，战略思想就难于形成。战略观念包括系统的观念、长远的观念、创新的观念、超前的观念、风险的观念和应变的观念等。企业领导者只有在这些战略观念和理念的指导下，才能正确地分析所处的内外环境，较好地处理企业所面临的问题，才能在动荡不安的经营环境中寻找到企业生存和发展的机会，从而为企业制定出正确的战略。企业决策者应从以下三个方面重塑和创新经营理念。

①创新观。未来竞争是不断创造与把握不断出现的商机的竞争，亦即重划新的竞争空间的竞争。

②竞争观。企业不仅要在现有产业范围内竞争，还要在塑造未来产业构架方面竞争。

③开拓观。扩充可利用资源的范围，并不断优化组合。创造性地不懈追求如何更好地利用各种资源去克服资源限制的困难，形成自己的拳头产品。

市场经济条件下企业之间的竞争，从表面上看是市场份额的竞争，是人、财、物以及信息等资源的竞争，但实质上是理念、产品、资本、管理和营销五种要素的竞争。其中，理念是战略基础，产品是竞争的武器，资本是竞争的能量，管理是竞争的体制，营销是竞争的手段。五个要素相互关联，缺一不可，忽略五要素的任何一个，企业都将不可避免地走向失败。

（二）经营战略决策的步骤

1. 全面分析经营战略构成要素

①产品与经营领域。明确现有的产品与市场范围以及未来有可能发展的产品与市场范围。它是说明企业使命属于什么特定的行业和寻求新机会的领域。

②企业的成长方向。它是说明企业从现有产品与市场组合向未来产品与市场组合转移的方向。

③竞争优势。它是指企业应选择具有优势的产品与市场领域，如技术水准优势、品牌优势等。

④协同作用。它是指企业若干因素互助的有效组合，可以产生更大的效果，如销售上的协同效应（共用销售渠道）、管理的协同效应等。

2.经营战略决策制定步骤

在全面分析企业经营战略的构成要素上，要重点把握好经营战略制定过程中的每个步骤。

（1）战略思想的形成过程

战略思想是企业制定和实施经营战略的指导思想，它是经营战略的灵魂。树立起正确的战略思想，是企业制定经营战略的首要条件。战略思想是战略思维的结果，它是决策者头脑中一种深层次的分析、判断、思考和探索的过程。纵观改革开放以来企业界的成功人士，他们之所以能脱颖而出，能在较短时间内把企业做强、做大，关键就在于他们有较强的战略观念和战略思维能力，有明确的战略思想。

（2）对战略环境的分析过程

在战略思想确立之后，应对战略环境进行认真分析。研究和预测是企业制定经营战略的前提和依据。企业的战略环境由外部环境和内部环境构成。企业的外部环境包括两个方面：一是宏观环境，如国际政治及经济形势变化，国家有关政策出台与调整等；二是行业环境，包括行业结构、行业现状与发展前景、行业动态等。以上两个外部因素是企业不可控因素，分析外部环境的目的就是弄清在外部环境发展变化中存在着哪些企业成功的机会和制约因素，以便抓住机会，寻求机遇，使企业更好地生存和发展下去。在分析外部环境的同时，对企业自身的经营实力和竞争优势与劣势要充分了解，知己知彼，扬长避短，以优势取胜。

（3）战略决策过程

在进行了充分、全面和详尽的战略研究分析基础上，才能进入企业经营战略的制定这一非常重要的环节，战略决策的制定一般由企业的高层管理者来自参加并承担责任。其主要内容如下。

①确立企业使命。企业使命指明了企业的经营领域、业务范围和服务对象，使企业能够集中精力，沿着正确的方向从事生产经营活动。

②规定战略目标。战略目标规定了企业在经营上应当达到的经营成果和水平，是指导企业各项工作的准绳，也是衡量企业的经营成就的标准。

③选择战略方案。战略方案是完成企业使命、实现战略目标的途径。

④规划战略行动。这是对战略方案的具体化过程，根据战略目标和战略方案的要求，制订出具体行动计划，把战略目标等分解为企业内部各部门、各单

位的目标，使人人都明确自己在战略实施中应承担的任务、应履行的职责等，以确保战略的顺利实施。

经营战略方案确定后，必须通过具体化实施才能转化为实际行动，才能达到战略目标。在实施过程中，由于内外环境的变化和战略制定过程中的判断失误，需要在总体战略稳定的基础上，随时对战略方案进行修正和完善，从而更好地指导企业走向成功。

（三）经营战略决策的重要性

1. 决定企业最基本的经营行为

经营战略明确了企业领导者和广大职工的战略指导思想及长远战略目标，指明了企业的发展方向和道路，它是企业基本行为的选择。经营战略决策正确与否，决定着企业基本经营行为的正确与否，经营战略制定得正确，就能保证企业沿着正确的方向走向成功。

2. 企业管理周期的中心环节

企业管理周期分为四个阶段，即战略制定的准备工作（主要指调查和预测工作）；战略方案的拟订、评价和选择工作；战略决策方案的具体化，即战略规划工作；战略的实施和控制工作。第二个阶段工作是中心环节，只有抓好这个关键环节，才能保证企业管理的其他环节的正常进行，从而促进整个企业管理正常运转。

3. 全体职工的行动纲领

战略决策方案所规定的战略目标是企业各管理部门、各个生产经营环节和全体职工的奋斗纲领。战略目标规定得是否正确，能否实现，关系着企业的命运和全体职工的积极性。战略方案中规定的经营方针是企业各项管理工作应该遵循的准则，它能把全体职工的智慧和行动纳入统一的轨道，形成统一的步调，保证企业各项工作的顺利开展，推动企业的持续发展。

五、经营战略选择的影响因素

合理的经营战略选择是管理者提高管理水平所必须行使的重要职能。但是，进行合理决策经常会受到诸多因素的影响，其中应该引起决策者的注意的主要有以下几个方面的因素。

（一）环境层面

环境是经营战略方案产生的载体，也是经营战略方案得以实现的保障。该保障关键取决于管理者是否全面有效地把握和利用有关的环境信息，能否根据环境信息的不同情况做出相关的反应。所以，管理者在行使决策职能时，应该对组织的所有环境条件进行详尽的调查和分析，并合理确定组织在未来活动中的起点和预期目标，使组织决策保持良好的连续性和发展性。

（二）决策者层面

决策者是影响经营战略选择过程的关键因素。决策者对经营战略决策的影响主要是通过决策者的知识、心理、观念、能力等各种因素对决策产生作用。这就是说，决策的过程就是对决策者的一种全面的检验。

在决策时，无论是确定目的还是选择手段，都要对各种目的和手段进行比较。为了全面决策，还需要全面预测，而全面预测要求收集全面的情报和掌握全面的知识。在决策时，决策者还需要调动心理因素，克服各种心理障碍。此外，决策者还必须具备承担决策风险的心理承受能力，因为任何决策都不同程度地带有一定的风险，组织及其决策者对待风险的不同态度会影响决策方案的选择。愿意承担风险的决策者，通常会在被迫对环境做出反应之前就已采取进攻性的行动，并经常会进行新的探索；而不愿意承担风险的决策者，通常只对环境做出被动的反应，并习惯于过去的限制，按过去的规则策划将来的活动。对于决策者，行使决策职能经常会受到自身知识条件、心理条件和其他一些能力条件的制约，所以管理者在学习决策的过程中，尤其要注意提升自身的知识水平和心理素质。

（三）组织层面

经营战略的决策会受到组织的影响和制约。因为任何决策在某种程度上都是对过去的否定，任何决策的实施都会给组织带来某种程度的变化。组织成员对这种可能产生的空化会怀有抵御或欢迎两种截然不同的态度，不同的态度会直接影响组织的决策。组织对决策的影响主要是通过组织的文化来制约组织及其成员的行为及行为方式，并通过组织文化来影响人们改变态度而发生作用的。如果在偏向保守，怀旧的组织中，人们总是根据过去的标准来判断现在的决策，总是担心在变化中会失去什么，从而对将要发生的变化产生怀疑抵御的心理与行为；而在具有开拓和创新气氛的组织中，人们总是以发展的眼光来分析决策的合理性，总是希望在可能产生的变化中得到什么，因此盼望变化、欢迎变化和支持变化。由此可见，欢迎变化的组织文化有利于新决策的实施，而抵御变化的组织文化可能给新决策带来种种阻抗。所以，建立一种有利于变化与发展的组织文化是有效实施新决策的重要内容。

（四）时间层面

时间本身就是经营战略选择的重要组成部分，同时又是限制决策的重要因素。美国学者威廉·金（William Mckinley）和大卫·克里兰（David Cleland）把决策分为知识敏感决策和时间敏感决策。所谓知识敏感决策，着重于未来，而不是现在；着重于机会的运用，而不是避开威胁。所以决策时，在时间上相对宽裕，并不一定要求在某一日期以前完成。所谓时间敏感决策是指那些必须迅速尽量准确的决策，这种决策对速度的要求超过对质量的要求。相对知识敏感决策，时间敏感决策对时间的要求比较严格，这类决策的执行效果主要取决于速度。所以管理者应该充分认识时间对决策的影响作用，并充分利用有限的时间做出正确的决策。

第二节　现代企业的管理战略

一、竞合战略

竞合战略泛指通过与其他企业合作来获得企业竞争优势或战略价值的战略。自亚当·斯密（Adam Smith）以来，由西方文化所主导的经济学和工商管理门类的理论，都以竞争为主线，强调竞争，忽视合作。沿袭至今则形成了许多恶性竞争观，如商场如战场、战胜竞争对手和掠夺市场份额等。人们相信自己的成功只能建立在竞争对手的失败之上，信奉竞争只会出现"输或赢"这一种结果。为此他们不惜打价格战，不惜假冒伪劣，不惜采取各种违法手段进行不公平竞争，结果深陷于恶性竞争的泥潭，不仅浪费了资源，造成两败俱伤，而且过度竞争使企业利润严重下滑，甚至趋向于零。下面对影响竞合战略制定的要素进行分析。

（一）改变参与者

参与者主要由顾客、供应商、竞争者和互补者组成。参与者之间的相互关系可以通过价值网进行分析，价值网分析的基础是价值链分析。企业自身与四类参与者之间的关系都是既合作又竞争的关系。从总体上来看，在创造顾客价

值时是合作者，而在瓜分顾客价值时是竞争者。在商业运作的博弈中，企业可以通过改变参与者来改变游戏。引入新顾客，可以扩大市场使企业受益；引入新的供应商，可以打破原有供应商的垄断地位，使企业从供应商相互之间的竞争中获益；引入新的互补者，可以增加企业产品对顾客的价值，从而达到扩大产品市场的目的；引入适当的同类竞争者，可以增加企业自身的竞争优势，因为适当的竞争者可以吸收需求波动、服务细分市场、提供成本保护伞、改善劳工或政府讨价还价的能力、降低反垄断风险、分担市场开发成本、改善现有行业结构等。

（二）改变参与者的附加值

参与者的附加值是由于该参与者的参与而带来的游戏总价值的增加值，亦即商业游戏在某参与者参与和退出两种情况下总价值的差值。参与者的附加值决定参与者参与游戏所能获得的收益。每个参与者在游戏中的附加值不是一成不变的，通过改变参与者的附加值同样可以改变游戏的结果。通常情况下，应从增加自身价值以及降低其他参与者价值的角度入手，使企业成为其中最有价值的参与者。改变参与者的附加值的目的在于增加企业自身的利益，从游戏参与者整体来看，既有多能多赢，也有可能出现零和，甚至负和。

如果企业居于垄断地位，其附加值很大，那么战略制定的重点应侧重于是否限制和如何限制其他参与者的附加值。例如，适当的供给不足，可以降低顾客的附加值；适当的需求不足，可以降低供应商的附加值。在竞争激烈的市场中，多数情况下更好的选择不是去降低其他参与者的附加值，而是增加自己的附加值，主要方法有对差异化和低成本进行权衡，在差异下降不多的前提下降低更多的成本；寻找差异化和低成本的最佳平衡点，在提升差异的同时降低成本；完善企业自身与顾客、供应商的价值链整合，加强彼此之间的亲密合作关系，利用这种关系来增加自己的附加值。

（三）改变规则

规则确定商业游戏博弈的结构，反映各参与者所习惯采取的做法。它有可能来自法律、惯例、合同条款或顾客偏好等。人们通常认为，商业游戏的规则不可改变，其实不然，高明的参与者常常通过改变规则来改变力量对比，以增强自身的优势，进而改变游戏结果。但是改变规则是一把双刃剑，个人不会盲目服从别人制定的规则，别人也不会盲目服从个人制订的规则，个人能改变竞争的规则，别人也能改变竞争的规则，除非个人具有强大的竞争优势。在市场上，通常是拥有优势力量的一方去建立规则，所以为了保证规则是服从自己意愿的，就需全力保持、发展自己的竞争优势。同时，时刻侦测别人有没有改变规则的意图和行动。另外一种情况就是新的规则对参与者而言，符合他们的某些利益。更确切地说，参与者经过利弊权衡后，新的规则对他们来说是利大于弊或长期利益大于短期利益。

（四）改变策略

任何企业的策略选择都是建立在对游戏认知的基础之上的，而商业游戏是在迷雾中进行的，也就是说，企业总是在信息不完全的情况下进行决策的。企业可以通过增加或减少商业游戏中的迷雾的策略手段来向竞争对手发送信号，以改变他们对游戏的认知，通过改变他们的认知来影响他们的行动，进而改变游戏结果。

（五）改变范围

范围是指商业游戏的边界，包括空间范围和时间范围。企业可以通过扩大或缩小商业游戏的空间范围、变更游戏的时间范围等来改变力量对比，进而改变商业游戏。例如，常见的寻求市场空缺、利用时间差等策略所关注的重点，就是竞争范围的改变，即通过改变竞争范围来回避正面交锋，回避两败俱伤的消耗战。

二、密集型发展战略

密集型发展战略是指企业在原有业务范围内，充分利用在产品和市场方面的潜力来求得成长的战略。这种战略包括市场渗透、市场开发和产品开发，有时又被统称为加强型战略，因为它们要求加强努力的程度，以提高企业在现有业务的竞争地位。

（一）市场渗透战略

市场渗透战略是企业通过更大的市场营销努力，以提高现有产品或服务在现有市场上的销售收入的战略。

1. 市场渗透战略的适用性

市场渗透战略被广泛地单独使用或同其他战略结合使用，下列五种情况尤其适合采用这一战略：①企业特定产品与服务在当前市场中还未达到饱和；②现有用户对产品的使用率还可显著提高；③在整个产业的销售增长时主要竞争者的市场份额在下降；④在历史上销售额与营销费用曾高度相关；⑤规模的提高可带来很大的竞争优势。

2. 市场渗透战略的实施措施

①通过转变非使用者，努力开发潜在的顾客，以各种促销活动激发新顾客的购买欲望，把产品卖给从来没有使用过本企业产品的用户。

②把竞争者的顾客吸引过来，这就要求提高产品质量、降低价格，具有周到的服务、巧妙宣传，使竞争对手的顾客购买自己的产品。

③优化产品品质，增加产品特点，改进产品的式样，增加产品的新用途，从而促使老顾客更加频繁地使用。

（二）市场开发战略

市场开发战略指将现有产品或服务打入新的地区市场的战略，即企业以市场创新为主导，用原有产品为竞争武器，向新市场扩张。

1. 市场开发战略的适用性

特别适合于市场开发战略的情况主要有以下几种：①企业在所经营的领域非常成功；②存在未开发或未饱和的市场；③企业拥有扩大经营所需要的资金和人力资源；④企业存在过剩的生产能力；⑤可得到新的、可靠的、经济的和高质量的销售渠道；⑥企业的主业属于区域扩张型或正在迅速全球化的产业。

2. 市场开发战略的实施措施

①进入新的细分市场。例如，美国某产品公司的婴儿洗发精，原来只适用于婴儿，但随着美国新生儿出生率的下降，该公司决定将这一产品推向成年人市场，并开展了颇有声势的广告促销活动，结果在短期内，该公司的婴儿洗发精成为整个洗发精市场的领先品牌。②将产品推广到新的地理区域。例如，随着企业实力的扩展，将产品由地区推向全国；随着城市市场的饱和，将产品由城市推向农村，由国内推向国外。目前，我国家电行业中，企业面对日趋饱和、竞争激烈的城市市场，纷纷开辟了农村市场和海外市场。

市场开发战略比市场渗透具有更广阔的成长空间，但风险也可能增大，因为企业将面临新市场的进入障碍，如顾客的品牌转换能否得到合适的销售渠道等。打破进入障碍需要强有力的促销活动，有时需要自己开发新的销售渠道，这都将增大成本。同时，还要面对原有经营企业的反击。这都会使企业在相当一段时间内利润很少，甚至没有利润。

（三）产品开发战略

产品开发战略是通过改进和改变现有产品或服务而增加销售额的战略。

1. 产品开发战略的适用性

进行产品开发通常需要大量的研究和开发费用，特别适合于采用产品开发战略的情况主要是以下几种。①企业拥有成功的、处于产品使用寿命周期中成熟阶段的产品。此时可以吸引老用户试用改进了的新产品，因为他们对企业现有产品或服务已具有满意的使用经验。②企业所参与竞争的行业属于快速发展着的高技术行业。③主要竞争对手以可比价格提供更高质量的产品。④企业在高速增长的行业中参与竞争。⑤企业拥有非常强的研究与开发能力。

2. 产品开发的主要途径

①质量改进。质量改进的目的是注重增加产品的功能特性，如它的耐用性、可靠性、速度、口味等。一个企业通过推出"新颖和改进的"产品且对这些东西用"更好""更强""更快"等术语进行广告宣传，通常能压倒他的竞争对手。这种战略的有效范围是，质量确能改进，买方相信质量被改进的说法，要求较高质量的用户有一个足够的数量。

②特点改进。特点改进的目的是注重增加产品的新特点，如尺寸、质量、材料、添加物、附件等，扩大产品的多功能性、安全性或便利性。特点改进战略具有以下优点：新特点为企业建立了进步和领先的形象；新特点能被迅速采用、迅速丢弃，因此通常只要花非常少的费用就可供选择；新特点能够赢得某些细分市场的忠诚；新特点能够给企业带来免费的公众化宣传；新特点会给销售人员和分销商带来热情。其主要缺点是特点改进很容易被模仿。

③式样改进。式样改进的目的是注重于增加对产品的美学诉求。对包装式样不断更新，把包装作为产品的一个延伸，也是一种式样改进的方法。式样改进战略的优点是每家企业可以获得一个独特的市场个性，以召集忠诚的追随者。但是，式样竞争也带来一些问题：第一，难以预料是否有多少人会喜欢这种新式样；第二，式样改变通常意味着不再生产老式样，企业将冒着失去某些喜爱老式样顾客的风险。

三、战略联盟

战略联盟是竞合战略的主要实现形式。战略联盟的概念最早由美国 DEC 公司总裁简·霍普兰德（Jane Hopland）和管理学家罗杰·奈格尔（Roger Nigel）

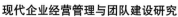

提出，他们认为，战略联盟指的是由两个或两个以上有着共同战略利益和对等经营实力的企业，为达到共同拥有市场、共同使用资源等战略目标，通过各种协议与契约而结成的优势互补或优势相长、风险共担、生产要素水平式双向或多向流动的一种松散的合作模式。

（一）战略联盟的特点

①边界模糊。战略联盟并不像传统的企业具有明确的层级和边界，而是一种"你中有我，我中有你"的局面。

②关系松散。战略联盟主要是契约式联结起来的，因此合作各方之间的关系十分松散，兼具了市场机制与行政管理的特点，合作各方主要通过协商的方式解决各种问题。

③机动灵活。战略联盟组建过程也十分简单，无须大量附加投资；合作者之间关系十分松散，战略联盟存在时间不长，解散十分方便。所以战略联盟不适应变化的环境时可迅速将其解散。

④动作高效。合作各方将核心资源加入联盟中来，联盟的各方面都是一流的。在这种条件下，联盟可以高效动作，完成一些企业很难完成的任务。

（二）战略联盟的形式

战略联盟是企业合作关系的外在表现，它主要有三种基本形式：合资企业、产权战略联盟和非产权战略联盟。

1.合资企业

合资企业是指两家或两家以上的企业拿出他们的部分资产来共同成立一家独立的企业。合资对于建立企业长期合作关系及共同分享成员企业内部隐性知识尤为有效。在合资企业中，两家企业通过股权投资创办的第三家企业，这家企业从法律的意义上来讲是独立的实体。大部分合资企业在所有权和控制权上是对等平分的。与其他类型的企业间合作一样，合资企业就如何合作和如何有效控制企业等方面面临着特殊的困难。当合资的类型属于国际合资时，国外伙伴与国内伙伴通常可能在一些问题上产生冲突，如是否需要采用本地零配件，产品应该出口多少，经营管理的程序是否应该符合本地伙伴或者国外伙伴的标准，当地合作伙伴是否能够使用国外伙伴的技术和知识产权等。一旦外国合作伙伴获得了开拓当地市场所需要的经验和资源，他们对当地合作伙伴的需要或者依赖就会下降，双方的合作关系是否需要继续保持就会成为新的战略问题。这种情况普遍存在于全球化制造商与地方分销商所建立的战略联盟之中。

2. 产权战略联盟

产权战略联盟是指成员企业投资不同的比例建立一家新的企业，并且通过资源和产能联合获得新的竞争优势。产权战略联盟主要是非对等的合作关系。可以是一个合作者比另一个拥有更大的联盟股权比例，也可以是一个合作者取得另一个合作者的部分所有权，或者是合作各方依据各自提供的资产、资源或能力在合同中规定和分配各自的权利。很多企业对国外的直接投资即为产权战略联盟，包括美国和日本企业在中国的投资。

3. 非产权战略联盟

非产权战略联盟是指两个或者两个以上的企业通过发展企业间的契约关系，以达到它们之间共享独特资源和产能，实现竞争优势提升的目标。在这个类型的战略联盟中，企业之间没有产权投入，更不会有一个新的组织实体产生。契约性是非产权战略联盟的最重要特征。

第三节 现代报业产业的经营与管理战略

一、报业产业的经营定位策略

（一）读者定位

报纸定位，先要确定最适合自己的目标读者，即明确报纸的服务对象。社会的发展和传媒的多样化，为受众提供了多样化的选择。大众传播已经进入了由"大众"变为"小众"（或称"分众"）的转型时期。一家报纸要将全体读者"一网打尽"已不再可能，每一报纸都必须有所选择有所放弃。市场细分有助于对目标读者做出科学的选择。较常用的细分指标主要有以下几项。一是地理因素，包括地理区域、城市规模、交通运输条件、通信条件等。二是人口因素，包括年龄、性别、收入、职业、文化程度等。三是心理因素，包括读者的生活方式、价值观念和利益追求等。四是行为因素，包括读者的购买和阅读习惯、频率，对报纸的了解程度、信任度和忠诚度等。

（二）内容定位

从经济学角度看，决定企业经营方向的并非自己的生产能力，而是社会需求，需求决定生产。在产业化前景下，各个报社第一次把内容也当作一种产品，并把产品的经营看成市场的经营。内容是整个报社经营的基础，其他如发行、广告和无形资产经营都建立在此基础之上，内容产品在整个报社经营链条中起着第一基础的作用。因此可以说，内容本身就是一种经营。确定了目标读者群后，报纸的内容则成为制胜的关键，报纸的内容定位，既包括报纸的报道的实际内容，也包括它的报道方式，即"说什么"，也包括"怎么说"，概括言之，就是报纸的内容和它的风格特色。

1. 信息是报纸内容定位的基点

报纸是一种传播信息的媒介，离开了信息，报纸也就失去了存在的价值。离开了信息来空谈报纸的定位，犹如离开了人的生存的基点，去高谈阔论勾画人生理想和未来。一般来讲，报纸可以从宣传这一基本功能分解出主要的六大功能：传播信息功能、宣传教育功能、指导工作功能、认知求知功能、娱乐休闲功能、舆论监督功能，其中传播信息功能是最基本的功能。换句话说，传播信息也是报纸最本质的属性。而传播信息功能是报纸媒介功能最直接、最充分的体现。在对报纸做全面的定位策划时，至少应该对强化和凸显报纸的信息做以下几个方面的思考。

第一，在版面的总体安排上，对报纸的新闻信息版（包括重要新闻、本地新闻、国内新闻、文体新闻、国际新闻等）和专刊版做合理的分布，确保报纸信息量的优势。这一点已经在越来越多的办报人中达成了共识。

第二，着力追求新闻信息的质，尽可能刊登第一时间新闻信息，包括独家新闻信息和国内、国际重要新闻信息。这就要求在报纸定位的总体策划时，人员配置中应该优先考虑第一线记者和新闻信息版编辑的选配。

第三，大力强化新闻信息的必读性，提高新闻信息在读者中的口头传播率。热点新闻信息当然是读者必读的，读者必然想尽快、尽可能充分地了解前因后果，以及进展情况。这一类新闻信息，任何综合性的日报都会千方百计、不惜版面去满足读者必读的需求。也有一些报纸追求的策划性新闻信息也是读者必读的。

2. 风格是报纸内容定位的灵魂

如果说市场定位可以称作报纸媒介定位的外在诱发性因素，读者定位可以称作报纸媒介定位的潜在可能性因素，那么风格定位则是报纸定位的内在必然性因素。报纸瞄准一定的市场机会，并且"锁定"特定受众进行传播后，能否持久地获得受众支持，在市场中站稳脚跟，关键还在于自己的报纸是否能形成独特的风格。报纸的风格定位，是报纸为适应市场要求，满足特定受众需求，而在报纸的传播内容、传播方式和传播技巧等方面所表现出的与众不同的外部形象。个性的、高层次的集中表现就是风格。媒介的风格，包括报纸的政治倾向、内容选择和文风等。

为求特色，不少报社把注意力集中在形式上，先求版式的特色。于是，形形色色的、强调视觉冲击力的报纸版面应运而生。个性化的版式定位，极大地取悦了读者。当然，版面特色仅是报纸特色的一个基本层面，时间长了，读者不会仅仅满足于视觉的愉悦，归根到底，"人无我有"的内容特色，才是报纸生存的根本。

当一家报纸的内容对受众来说从可读性升华为必读性，受众便会对其形成强烈的信赖感和依赖感，从而在受众心中形成稳定的独特风格。此外，许多报纸在信息本身的形式包装上进行特色探索，通过记者视角的转换，尽可能运用现成的资料和图片，全方位、多视角进行信息组装，努力推出新的传播形式。

（三）市场定位

媒介的市场定位，是指媒介经营者在发现一定的市场机会，并对传媒市场做出充分的调研和分析后，选定目标市场的决策策略。正确的市场定位的基本前提是目标市场存在需求空间，市场竞争结构尚未恶化。市场定位好比在夹缝中找位置、定目标，将本来极大、极广的区域缩小到某一领域、某一方面或某一点，从而有针对性地进行传播。在计划经济时代，大众传播媒介的功能比较单一，主要宣传党和国家的方针政策，市场定位要求并不突出。在建立社会主义市场经济后，传媒市场的一个显著特点是供求关系已经由卖方市场转向激烈竞争的买方市场。市场定位就显得尤为重要了。

市场定位包括两方面的内涵：一是宏观定位，即报纸在国家规定的范围内，确定自己的市场目标和选题特色；二是微观定位，即确定各门类报纸的市场定位。某一具体选题要根据目标市场的读者对象来确定报纸的规模、风格、体例、写作深度以及栏目设计、定价等。宏观定位和微观定位相辅相成，它们都应该建立在对报纸市场的宏观环境、自身条件和竞争对手分析基础上。宏观环境包括国家政策、经济、文化、科技、教育、国际政治经济形势、未来社会发展趋势，以及生产要素的变动情况等。自身条件包括报社的资金实力、编辑人员素质和印制发行状况等因素。竞争对手分析包括竞争对手的报纸风格、报社形象、资金技术实力、作者及发行队伍状况等方面。

二、报业内部管理策略

传媒产业作为一种特殊的产业，传媒集团作为一种特殊的企业集团，基于社会政治的、经济的等方面的因素都是各国政府参与并严格控制的产业之一。面对日益发展变化的社会政治、经济环境，报业内部的变化，报业集团的形成，我国报业的治理目标与治理结构均在发生着变化，在所有权、经营权和采编权分离趋势下，如何通过治理机制创新，实现有效的管理，实现报业社会效益与经济效益的整体提升，实现报业内部采编结构与经营结构的有效协调是提升报业核心竞争力、增强报业整体实力、保证报业持续发展的关键问题。

（一）报业治理机制策略

第一，加强监管。报业在我国是党和政府的喉舌，这一点无论是在过去，还是在新时期及未来报业发展为多元资本结构状态下都不会改变，在所有权、编辑权与经营权分离的报业治理形式下，为保证报业真正成为党和政府的喉舌，成为先进文化的传播者，使党和政府真正把握报纸新闻宣传的方向，在报业业务管理上实现总编辑和业务监管问责制，是解决报业分权治理与导向控制的关键，也是新时期及未来报业管理体制创新的关键。

第二，重视发展媒体的第三方权威评估机构，加强对报业等媒体集团的考核评估与激励。科学公正地考核、评估与激励是完善对报业集团监管的重要策略之一。对一个报业集团的考核与评估需要从社会公信力影响力发行量、市场占有率、广告收入、资产增值率等多个方面综合进行。

第三，加强现代企业制度建设与审计监督。在分权治理模式下，没有一套完善的现代报业企业管理制度与严格的审计监督，就不可能协调报业内部运转，提升运作效率，降低运营成本，保证社会效益与经济效益的整体提升。因此，完善的现代企业管理制度是规范报业集团内部治理，提高企业运作效率，确保国家与社会公众利益，提升报业集团组织竞争力的有效保证。

（二）报业内部组织结构策略

随着报业由事业单位向企业化、集团化的转型，报纸产业化、市场化和全球化的发展，网络技术数字技术的广泛使用，信息在商业领域的价值快速提升，并要求信息在组织内部快速流动。在商界这片没有硝烟的"战场"上，组织对外部环境变化的敏感反应能力、灵活动态的组织运作能力等无疑成为组织成功的重要因素，面对复杂多变的环境，组织只有不断地创新，尽力适应社会快速变革所产生的方方面面影响，才能突破自身成长的上限，获得可持续性发展。

在由知识精英构成的报业集团中，信息化、网络化已使企业组织边界变得相对模糊，内部人员与信息的流动在不断加速，内部管理信息的下达和获取可以不再通过中间层级，传统的金字塔式层级组织结构正在向扁平化的组织结构发展。扁平化的组织结构模式是在信息化、网络化技术之上构成的一种主要由企业最上面的决策层与最下面的操作层构成的组织结构。这种组织结构，中间相隔层次极少，并尽最大可能将决策权向组织结构的下层移动，让最下层拥有充分的自主权，并对产生的结果负责。它的信息传输是全方位、立体式的，任何一个部门发送或接收信息都很便捷。其组织结构灵活、富有弹性，能对内部信息与外部市场需求迅速做出反应，并及时抓住机会与信息，特别有利于新闻信息产品的开发、生产与传播。

报业集团内部管理在向扁平化的组织结构发展过程中，为了适应社会的快速变革，需要建立一种学习型的组织，以增加组织柔性，使企业具有生命力的有机组织架构在稳定和变化、全球化和地区化控制与自主、常规操作与创造性劳动等之间实现微妙的平衡，从而增强组织快速应变、创造未来的能力。

（三）报业内部人力资源管理策略

首先，确立以人为本的人才发展战略。现代管理科学普遍认为，经营好企业需要四大资源：人力资源、经济资源、管理资源、市场资源。在这四大资源中，人力资源是最宝贵的资源，被经济学家称为第一资源。传媒业是一个新知识和技术密集型行业，也是一个人才密集的地方，面对未来竞争激烈且快速变迁的发展环境，建立与报业发展战略相匹配的人力资源战略，建立健全人力资源管理制度，选好人才，用好人才，充分发挥人才的作用，是报业改革成功的关键。

现代媒体的人才管理必须坚持以人为本的原则，把人看成最宝贵的资源，而不是当作任何形式的没有生命和思想的工具。尊重员工的需要，发挥员工的潜能，树立实现个人价值与报业共同发展的经营理念，创造人才脱颖而出的环境，使报业成为员工专业知识学习成长的平台、成就事业的平台、财富积累的平台、员工与报业共同成长与发展的平台。

其次，实施系统的人才规划战略。报业的发展，急需报业管理者从实际出发，培养和引进具有专业化的各类高级人才，这就要求报业人力资源管理部门对人才资源管理开发实施系统化的规划战略。健全组织管理、人力资源管理和薪酬管理等制度，使人力资源管理真正成为报业这种特殊知识型企业吸引、激励、发展与留住人才最有力的战略工具。

第四章 互联网时代企业转型升级之路

现如今，互联网已经渗透到了国民经济的各个行业，给传统企业的发展带来了巨大挑战，互联网时代下传统企业转型升级已经逐渐成为人们关注的焦点。本章主要分为互联网时代的来临、互联网时代企业的转型升级策略、互联网时代报业的转型升级策略三部分。其主要内容包括："互联网 +"与互联网思维、"互联网 +"的背景与内涵、移动互联网技术、互联网时代企业边界及其战略选择、互联网时代传统企业战略转型三大策略、互联网时代下报业的转变等方面。

第一节 互联网时代的来临

一、"互联网 +"与互联网思维

（一）互联网的概念

互联网就是指由多个计算机网络互相连接而成，而不顾及采用哪种协议和技术的网络，这个定义是由全国科学技术名词审定委员会审定通过的。互联网行业经过多年的发展，其内涵也在不断拓展，并且已经形成了一套基本的体系。针对互联网而言，它具有显著的特点和理念，即开放、免费和分享。互联网模式就是指通过为客户提供优质的免费服务，从而形成良好的用户黏性，在达到一定的用户规模之后，借助广告或者其他增值服务的形式来获取盈利。从互联网的本质来看，它是一种崭新的商业模式，它是基于对客户需求的综合考虑，然后在提供产品或者服务的时候，所有的活动都围绕着客户来进行，所以其核心就是"人"。

它的基本原则就是要把客户摆在首位，非常重视客户的体验，因此它对人们的生活方式造成了巨大的影响，甚至在已经改变了人们的生活方式，同时还引领人们去适应和迎合这种变化。随着社会的不断发展，我国互联网领域发展也十分迅速。通过对工信部统计资料的分析发现，截至 2019 年 12 月，我国三家基础电信企业的固定互联网宽带接入的用户达到了 4.49 亿；移动电话用户达16 亿，全年净增 3525 万户，普及率达 114.4 部 / 百人；移动互联网用户达 12.8 亿。截至 2020 年 3 月，我国手机网民规模达 8.97 亿。通过这些数据的分析可以发现，互联网已经覆盖了全国的大部分区域。随着社会经济的不断发展，互联网覆盖的领域越来越广，从城市到农村，并且逐渐实现了全国领域的覆盖。互联网的快速发展，在推动社会进步的同时，也给各个行业的发展带来了机遇，提供了更为广阔的发展空间。其中移动互联网的飞速发展，使得人们生活的各个方面都受到了影响。互联网在影响人们生活的同时，还对我国的经济和产业格局产生了重大影响，催生了诸多新的商业模式。

（二）互联网的特质

互联网是网络与网络之间所串连成的庞大网络，这些网络以一组通用的协定相连，形成逻辑上的单一巨大的国际网络。这种将计算机网络互相连接在一起的方法可称作"网络互联"，在这基础上发展出覆盖全世界的全球性互联网络称互联网，即"互相连接一起的网络"。互联网的特质包括精神特质和技术特质两个方面。精神特质即平等、开放、分享、协作。而互联网的技术特质决定了它既没有地域界限，也没有时间界限，总是无时无刻、无处不在。互联网的平等精神即网络面前人人平等，在网络的世界里，人们进行交流时脱去了身份、地位财富和权力的外衣，彼此平等相待。开放精神并非纯粹的指物理时空的开放，更主要的是人们空间思维的开放。生活在不同地区、从事不同行业和有着不同生活经历的人可以就某一共同话题进行沟通、讨论，不同的思想火花之间进行碰撞，对拓宽人的思维、丰富人的知识具有重要作用。互联网发展的原动力是它的分享精神，技术只能算是推动力，应用才是关键。了解了互联网的发展历史之后，我们会发现互联网能够持续发展到现在，最根本的原因应该是它所具备的分享和开放精神。协作精神是指我们要一起维护共同的网络家园，而且我们也只有通过友好的协作，才能共同编织起这张"网"。

互联网既然能够打破时空的限制，那么也能够重构时空秩序，重构人们的生产、生活和学习等形态，而这些又恰好成为互联网改变人类社会的物理基础和技术特质。

（三）互联网思维

互联网思维由百度公司创始人李彦宏最早提出，被认为是在（移动）"互联网+"、大数据、云计算等科学技术不断发展的社会背景下，对市场、用户、产品、企业价值链乃至对整个商业生态进行重新审视的思考方式。其本质就是发散的非线性思维，其特点主要是民主、平等和开放。民主即在互联网时代是用户说了算。因为用户可以在微信或者微博上自由表达、随手转发，这既能够使企业一夜爆红，也能够使企业瞬间贬值。平等即彼此之间相互平等、相互尊重。开放即打破边界，内部资源可以通顺地出去，外部资源可以通顺地进来，这些资源都是根据需要与否来实现聚散的。

根据360公司董事长周鸿祎等的观点，互联网思维主要有八个核心理念：用户思维、简约思维、极致思维、迭代思维、流量思维、社会化思维、平台思维和跨界思维。

1. 用户思维

用户思维是整个互联网思维中最为重要的，也就是在价值链的任何环节都要从客户的需求视角去考虑。在价值链的各个环节都要把客户摆在首位，以客户为中心，深入了解客户的需求，只有这样才能真正生存下来。如果得不到客户的拥护和认可，就难以在社会中存活下来。而在这个过程中，就要严格遵循以下三个法则。

第一是得"草根"者得天下。通过对当前成功的互联网产品的深入分析发现，他们都仅仅把握住了"草根一族"等这些群体的需求，才取得了成功。第二是要兜售参与感。所谓的兜售参与感，就是要充分考虑客户的需求，并且按照他们的需求去定制，进而在客户深度参与的过程中，实现产品的更新和优化。第三是体验至上。针对体验至上，就需要从细节做起。通过对细节的重视和优化，让客户能够深度感知产品，并且产品需要超出客户的预期，给客户带来惊喜，这样就充分体现了体验至上的理念。

2. 简约思维

在互联网时代，信息过于丰富且比较混乱，而用户的耐心却非常有限，这就要在有限的时间内抓住用户的眼球。这简约就是要把产品和服务做到极致。其中最经典的案例就是苹果，在1997年的时候苹果公司几乎将要倒闭，但是乔布斯（Jobs）的回归，果断地砍掉了近70%的产品生产线，重点研发四种产品。由于高度关注，把产品做到了极致，所以苹果公司起死回生。品牌的定位要关注，这就给了用户关注产品的理由。网络上一个比较成功的鲜花品牌"Rose

Only"，它对消费者的定位是高端消费群体，其中买花者和送花者都需要绑定身份证，并且每人只能绑定一次，意味着"一生只爱一个人"。它们在上线后的6个月就做到了1000万元的份额。由此可以发现，专注才能把服务和产品做到极致。在产品或服务的初期，一定要做到极致，才能生存下去。

3. 极致思维

极致思维就是要把产品或服务做到极致，把用户的体验做到极致，超出用户的预期，极致思维有三个方法：一是用户的需求要抓得准，即痛点、痒点或兴奋点要抓得准；二是最大程度地逼迫自己，即要把产品或服务做到能力的极限；三是要紧紧地盯住管理，即得产品或服务者得天下。这就需要站在用户的角度，为用户提供细致的个性化服务。

4. 迭代思维

这是一种以人为中心，不断反复和循序渐进的开发方法。在开发的过程中，允许存在一定的不足，允许试错，但是要在不断的产品或服务持续迭代中完善。这需要注重两个方面：一是"微"，二是"快"。"微"就是从小处着眼，从用户的细微需求入手，了解用户的心理，在用户的参与和反馈中不断改善和优化。"快"就是要快速迭代，只有对用户的需求及时地做出回应，才能赢得用户。

5. 流量思维

流量意味着体量，体量意味着分量。流量思维要遵循两个法则：一是免费服务是为了更好的收费，二是要坚持到质变的"临界点"。任何一个互联网产品，包括互联网教育，只要在用户的数量达到一定的程度，就会发生质变。

6. 社会化思维

社会化商业的核心就是网，服务或产品面对的用户是以网的形式存在的。社会化思维要遵从两个法则：一是要充分利用好社会化媒体，二是要众包协作。众包是以"蜂群思维"和"层级架构"为核心的互联网协作模式，即要思考如何利用外脑。

7. 平台思维

平台思维具体到互联网而言，就是开放、共享、共赢的思维。平台思维要遵循三个法则：一是要打造多方共赢的生态圈；二是要善用现有平台；三是要让企业成为员工的平台。

8. 跨界思维

随着互联网和科学技术的迅速发展，许多产业的界限已经变得更加模糊，互联网已经融入生活的各个方面，如娱乐和教育等。跨界思维要遵循两个法则，一是携"用户"以令诸侯，二是要不断地开展创新。脱胎于互联网行业的互联网思维，目前已经将自己的影响力延伸到了经济、文化、政治和生活的方方面面。在这里我们需要明确的是，互联网思维不是为互联网独有的，也并非只能够适用于互联网，只不过是只有互联网聚集了这一类思维，形成了独特的、具有整体思维属性的泛思维、群思维。互联网思维也不是为经济经营类独有的，而是它能够对社会生活的各个领域产生作用，继而改变甚至是再造社会生活的进程，从而对人类的社会发展产生影响。

二、"互联网 +"的背景与内涵

（一）"互联网 +"的背景

自 IBM 于 2008 年提出"智慧地球"的概念以来，大数据云计算、互联网和移动宽带等新一代信息技术相继快速地进入了信息化建设领域，不仅催生了许多新兴产业并带动其快速发展，也通过和传统产业的相互融合，促进了产业升级和转型，对人类的生产生活方式造成了深刻变革。受服务、绿色、智能、协同等一系列新的生产方式变革的影响，传统产业的核心价值观也在发生变化；个性化定制、透明供应链、创客、生产消费者等众多的新型模式形成了新的竞争优势，形成了一个互联网经济体，加速了产业价值链体系的重构。

面对新一轮的经济变革带来的机遇和挑战，各发达国家积极鼓励变革信息技术与创新应用模式，纷纷制定与实施了一系列相应的战略和计划，加强在新兴领域的前瞻布局，以充分发挥信息技术的优势，提前抢占制高点。例如，英国政府发布的《信息经济战略》，美国政府出台的《网络空间国际战略》《先进制造业伙伴计划》。

迄今为止，我国发展互联网已有 26 年，据统计，当前我国共有网民约 9.04 亿，手机网民也达到了 8.97 亿。信息通信技术的不断进步，使得互联网、智能芯片、智能手机被广泛应用于人群、企业和物体中，这些都为下一阶段的"互联网 +"夯实了基础。未来，新一轮的信息技术变革以及产业变革带来的影响仍会继续深入，产业之间的跨界融合将成为一种常态，新技术、新产业和新的应用模式等将会层出不穷。

近年来，虽然我国的经济发展仍然保持了良好的发展态势，但是原有的经济结构与发展模式的弊端也逐渐显露出来。所以必须抓住机遇，充分利用与发挥现有的条件和优势，积极谋划，加快主要以物联网、互联网为载体的信息经济的发展步伐，打造出"升级版"的中国社会经济。随着新一代信息技术的蓬勃发展，面对以互联网为代表的信息技术加速了各行业跨界融合、相互渗透的新形势，我国经济社会的发展进入了新常态，为了寻求新的发展，我们必须积极适应新常态，积极创新发展理念、发展路径和发展模式，以工业化和信息化的融合为切入点，打造现代化强国。

（二）"互联网+"的发展与内涵

在2015年的政府工作报告中，李克强总理首次提出了"互联网+"的行动计划。在这个报告中提出，要制定"互联网+"的行动计划，从而推进互联网、云计算等和现代制造业的深入融合，进而实现电子商务、互联网金融等领域的快速发展，并且要着重引导互联网企业深度开拓国际市场。在政府工作报告的基础上，国务院又出台了《关于积极推进"互联网+"行动的指导意见》。这不单代表了我国政府对相关产业的积极态度，也在一定程度上体现出了"互联网+"在当前形势下的快速发展，它已经成为改变人们生产生活方式的一种新型经济形态。

"互联网+"这一理念，最早是由易观国际董事长兼首席执行官于扬先生于"2012年第五届移动互联网博览会"上提出的："在未来，'互联网+'公式应该是我们所在的行业目前的产品和服务，它是在与我们未来看到的多屏全网跨平台用户场景结合之后产生的一种化学公式。"只不过这一理念能够实现全面普及，归根结底得益于2015年李克强总理的政府工作报告，将"互联网+"提升到了国家战略层面。"互联网+"的演进过程，大体上可以分为以下四个阶段。

①前"互联网+"阶段。这一阶段又可以分为两部分，其中一部分为"IT+"企业，即企业的信息化发展；另一部分为互联网，即纯粹的互联网企业的兴起。在前"互联网+"这一阶段中，企业的信息化与纯粹的互联网企业之间，彼此都是相对独立的存在并未发生任何的化学反应。

②"互联网+"企业阶段。"互联网+"企业指的是通过重构企业内部的各个价值链，以达到提高企业内部运营效果的目的。我们可以分别从企业内部及企业外部两个角度来看待这一阶段。从企业内部来看，主要是对企业内部的七大价值点和各个部门进行改造。这七大价值点包括营销、渠道、产品、战略、资本、IT和组织，它们又分别与企业内部的营销部门、销售部门、产品研发部门、财务和投资部门、IT部门相对应。从企业外部来看，更多的是企业对客户与市场的相关举动，包括卖货、聚粉、建平台。只卖货可能有瓶颈，而聚粉则

重新定义了企业与消费者之间的关系，对于那些有实力又资源丰富的企业而言，就有可能搭建平台来促进商业模式的创新。

③"互联网＋"产业阶段。这一阶段不仅包含消费品的批发与分销，更是各领域、各行业的生产资料或工业品的互联网化，与"互联网＋"企业相比，其规模将超过十倍。这里的"互联网＋"产业从本质上来说，是通过改造产业价值链（指由最开始的原材料的供应商，再到产品的生产与制造，再到商品的流通、批发，再到下游），对整个产业中上下游的企业进行互联网化改造，以便更好地协同合作，不断提升企业的效益。

④"互联网＋"智慧阶段。"互联网＋"智慧的含义是，不管是企业的信息化，还是企业内部的所有价值链，抑或是产业内所有企业的数据、信息，甚至包括人，全都被数字化、物联网化，全部可以通过大数据、云计算等来帮助每一个企业或个人优化他们的商业决策。帮助人们优化商业决策，在一定程度上来说确实是提高了人们的智慧。

所谓的"互联网＋"，是创新2.0下的互联网发展新形态、新业态，是知识社会创新2.0推动下的互联网形态演进及其催生的经济社会发展新形态。"互联网＋"代表的其实是一种新的经济形态，即充分地发挥在生产要素配置中互联网的集成与优化作用，将各行业与互联网的创新成果深度融合，形成放大效应或化学反应，从而大幅度提高实体经济的生产力以及创新力，形成更广泛的、以互联网为基础设施和实现工具的经济发展新常态。"互联网＋"包含的互联网，指的是以人工智能、大数据及云计算为代表的一种新一代信息技术，而"＋"后面接的是传统行业。仔细考量可以发现，基本上每个互联网企业都可以称得上是"互联网＋"企业。例如，QQ是"互联网＋"通信，小米是"互联网＋"制造业，淘宝是"互联网＋"零售，余额宝是"互联网＋"投资等，其中最重要的应该是如何"＋"。"＋"不是这两个行业进行简单的相加，而是以互联网的实际发展水平和传统行业的发展现状为基础，两者取长补短，进而实现高效的、全方位的结合。所以，"互联网＋"的含义应该至少包括以下三个方面。

①建立连接。寻找在传统行业中能够实现互联网的那一部分，然后将两者有机地连接起来，构建相互之间协同合作的通道。

②取长补短。传统行业与互联网不存在主次之分，双方是互相协作的关系，首先得分清楚两者的优势与劣势，然后扬长避短，并互相学习和借鉴，进而探索科学有效的共同发展模式。

③深度融合。即在传统行业和互联网行业之间，实现全方位的深度合作，探索并建立科学的共同发展模式，进而推动行业的全面发展。如在传统行业中的生产、管理、用户服务等，这些都能够借助互联网做出调整与优化。为了对行业内的规律有更为透彻、全面的认识，必须主动融入互联网理念，在充分考虑与了解了客户的需求之后，准确把握自身的战略定位，以维持用户黏度，提升用户体验。

"互联网+"主要包括以下六个特点。一是跨界融合。所谓的"+"就是跨界，就是改革和创新，就是优化整合。在跨界的背景下，创新的基础变得更加坚实；协调融合了，群体的智能才能够实现，从研发到生产的路径才会更加便捷。二是创新驱动。传统的经济发展模式是粗放型发展，以资源为驱动力，这种发展模式已经难以适应社会经济发展的需要，因此必须进行创新和改革。而互联网为传统经济发展模式创新提供了新思路，用互联网思维进行创新，能够有效地发挥创新的力量。三是重塑结构。互联网在快速发展的过程中，对社会、经济等产生了重大影响，并且改变了它们的原有结构，致使权力和话语权也发生了改变。借助互联网的社会治理，更是进入了实践状态，提高了社会治理的效率和效果。四是尊重人性。人性是社会进步和经济发展的一种基本力量，互联网力量之所以强大就是源于对人性的充分尊重，对人的创造性的重视。五是开放生态。针对"互联网+"而言，生态是其重要的特征，并且对于生态而言，其本身就是开放的。要"互联网+"就必须解决制约其发展的因素，其中一个重要的方面就是解决制约创新的因素，连接孤岛式创新。六是连接一切。连接在具有层次的同时，还具有一定的差异，连接的价值差异非常大，但是连接一切却是"互联网+"的目标。

需要注意的是，互联网并不是万能的。不管是互联网公司，还是传统企业和产业，都应当谨慎认真地对待"互联网+"传统企业，要避免在浩荡的发展大潮中盲目地追捧，蜂拥而上。必须冷静下来，仔细考虑自己的实际需求，了解双方的优势与劣势，不冒进，保持线上线下的协调发展，更好地进行"互联网+"传统企业行业。

第二节　互联网时代企业的转型升级策略

一、移动互联网技术

（一）移动互联网技术的特征

在互联网时代，符合互联网思维和互联网技术特征的一些新型热点应用，在企业信息化应用市场上会有一个推广和逐渐普及化的过程。如移动、电商、条码、物流、商业分析、协同等，这些都将进一步帮助企业快速适应新的经营环境和互联网战略的需要。互联网时代，企业面临的技术问题包括以下几个关键要素。

1. 移动化

移动化运作，使得企业人员交流更加迅速，人员参与经营，小团队管理成为更加便利的现实。"90后和00后"新生代成为企业移动应用的主力操作者，他们更喜欢张扬、个性地表达自己在组织、团体中的地位、认可和价值。

2. 大数据

从以客户为中心的经营，转向客户参与的经营，基于用户的大量社交、沟通行为记录了对企业、行业的认知，社交数据的决策价值逐渐凸显，同时大数据存储、搜索和检索等技术问题也成为解决的中心问题。

3. 社交化

我国企业实体趋向于异地化、小集团化运作，跨法人、跨区域进行内部协作并扩展到外部经营实体和最终用户。基于互联网的社交群体，便成为平行于现实社交群体的第二大实体和目标市场，从客户需求满足向以用户为中心的体验满足转化。

（二）移动互联网技术应用方案的特征

转型的必要性不需要讨论，对产品和用户体验的重视也早已成为重中之重，如何制定采用互联网技术的企业应用方案才是真正之本。这个方案应当具备以下几大特征。

1. 数据存储分析机制

大数据的支撑，最终导致智慧经营的产生，只有能够储备经营各相关数据，才能产生提供数据服务、挖掘和分析建议的智能软件。云存储和服务器存储能

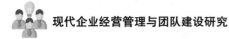

够将海量的经营数据以及多源的业务数据集中起来，为智慧化的经营决策、业务决策提供全面数据支撑。

2. 移动解决方案

无所不在的用户群体，使得沟通需要无时无刻，业务处理也要基于各个场景进行。移动互联网是互联网时代的第二个巨型市场，快速消费品行业、服务行业更需要移动端的应用来聚合客户、用户，体验销售与感受服务。同时内部管理针对日趋分散、高流动性办公的员工，也需要携带自己的设备办公的方式解决人力管理、任务管理等业务。

3. 通过条码实现标准化作业

能够通过条码形成单据标准化作业减少输入工作错误；通过条码形成仓库物流流转标准化、容器化、定点化、定量化处理；通过条码实现车间工序流转报工的实时完成。高效率、标准化、小批量、无缺陷的内部管理是面向互联网按需定制、按需设计并达到用户直接制造（C2M）的必然途径。

4. 搭建三大平台

通过公共社交商务搭建三大平台：员工平台、伙伴平台、用户平台。社交平台分为公共平台和内部业务平台。员工平台能够实现新一代员工更为自由的工作习惯以及更快的沟通机制。伙伴平台能够实现供应商、经销商、外包商的订货、物流、开票等商务的集成，同时完成业务沟通和协同。通过用户平台了解客户需求，建设粉丝圈，发布产品信息，促进商机转化等业务。三大平台对舆情的掌握更是作用巨大。

在互联网时代，淘汰企业的不是互联网，而是不接受互联网。互联网软件不是万能钥匙，真正拥抱互联网、转型互联网思维，才是企业选用企业应用软件的前提。

二、互联网时代企业战略选择

（一）价值链重组的专业化战略

专业化战略是集中于一个特别的、较窄的市场里面，通过抓住客户群体的特殊需求，集中力量于有限地区的市场，或者集中力量于产品的某种用途，进而建立竞争优势和市场地位的战略，其条件是企业在细分的、有限目标的市场更具效率。随着互联网的出现与普及，生产效率得以大幅度提高，采购销售费用降低以及大规模生产大大降低了单位产品的生产成本，使企业可以着力干好少数的几件事情。

分工得更加细致和深化，使得公司层面的价值链出现破碎及重组，同时，由于企业的资源有限性，任何企业都无法完成产品生产的全过程，以往价值链的分工变成了现在价值链中各个环节的分工，分工的细化使得企业能够集中力量做好最擅长的工作，对于中小企业更是如此，使众多中小企业借助互联网能够实现专业化经营。

（二）扩大生产规模的并购与被并购战略

企业进行多种生产要素和营销要素的资源整合，是互联网时代寻求扩大利润空间的一条新途径。一般而言，企业构建核心竞争力的基本模式有两种：一是自我发展；二是并购某些具有专长的企业，或与拥有互补优势的企业建立战略联盟。

与自我发展构建企业核心竞争力相比，并购具有时效快、可得性和低成本等特点。尽管要完成搜寻具有某种资源和知识的并购对象到实现并购，并进行资源整合，构建企业核心竞争力需要一定的时间，但比通过自我发展构建核心竞争力快得多。对于那种企业需要的某种知识和资源专属于某一企业的情况，并购就成为获得这种知识和资源的唯一途径，通过并购构建核心竞争力的低成本性主要体现在从事收购的企业有时比目标企业更知道其拥有的某项资产的实际价值。

（三）剥离弱势环节的企业外包战略

业务外包推崇的理念是，如果在价值链上的某一环节不是世界上最好的，而这又是企业的核心竞争优势，而且这种活动不至于使企业与客户分开，那么就可以把它外包给世界上最好的专业公司去做。也就是说，确定企业的核心竞争力，并把企业内部的智能和资源集中体现在那些有核心竞争优势的活动上，而后将剩余的其他活动外包给最好的专业公司。

这些能够形成企业的核心能力或提高竞争力的活动，属于企业需要控制的价值流，需要与顾客密切接触的活动及可以获得较高投资回报率的活动是不能外包的。

（四）形成抱团优势的合作竞争战略

形成抱团优势的合作竞争优势与传统竞争不同，它可以使企业通过寻求合作的方式来获得共同发展；即使这些企业在发展新产品及市场竞争中互为竞争对手，也可以通过与竞争对手的信息交换，以获得最小化风险与最大化企业竞争能力。

互联网正在新一轮科技革命中扮演着重要的角色，全方位改变着工业革命以来所形成的经济形态、生活方式和社会特征。每一个企业有自己的基因和独特的路径，如果要做强、做大或者叫"做优"，都需要通过建立自己的商业模式和战略选择，做内外兼修式的调整，进而实现转型。

三、互联网时代传统企业战略转型策略

移动互联时代的颠覆无处不在，大批传统产业巨头陆续倒下，企业竞争环境变得更加复杂和不可预测，移动互联网时代是以"用户为王""体验为王""速度为王""平台为王"的一个全新时代。面对移动互联网时代的到来，传统企业要么顺应时代潮流启动移动信息化，要么固守现有模式被淘汰。

（一）提升管理水平

管理水平的提升，可以使牵引作用充分发挥，推动经营业绩提升。具体来说，就是初步构建公司一体化管理体系，促进公司管理的标准化、规范化、流程化。一体化管理体系包含很多体系的建立，体系建设遵从"简明、有效、合规"的要求，并应该遵循业务优先原则与管理先行原则，优先考虑业务需求紧迫、业务价值大的需求。

同时，深入分析各业务运行逻辑，结合标杆企业实践逐层分解，将每个业务领域内的子流程重新归纳整理，运用流程清单统一展现，形成一套完整的以流程为主线的业务框架。让以职能主导的"控制思维"转向以流程主导的"客户思维"，更快响应客户需求，更好地为客户创造价值。

（二）快速部署企业移动信息化系统

信息化的基础就是流程梳理与优化，只有在此基础上才能更好地开展信息化工作。企业需制定与时俱进、紧贴战略的信息化规划，重点是要与业务实现协作与协同。与此同时，核心系统架构之间应实现贯通。

企业建立专属自己的信息化系统为当务之急，具体包括业务定制APP、移动办公自动化（OA）、移动客户关系管理（CRM）、移动商务智能（BI）、移动HR、移动互联网服务提供商（ISP）、移动企业资产管理（EAM）等企业移动管理软件，提高工作便利性及效能，实现随时随地高效工作，打造全新的工作模式。信息化系统中的各个板块要协同工作，实现无缝、实时的协作体验。

总之，企业负责人一是要具有产品经理思维，要深刻地琢磨人性和满足人性的需求，做基于用户思维的产品；二是要努力提升管理水平，把自己和传统行业里的竞争对手区隔开来；三是要打造互联的基因，如果自己做不到，就要把外面的优质基因嫁接进来，和别人合作、合伙。

第三节　互联网时代报业的转型升级策略

一、我国传统报业在发展过程中存在的主要问题

随着"互联网+"时代的到来，我国传统报业也在力求转型与发展，这些年来，我国的传统报业也在原来的基础上有了进一步的发展，在原来的道路上也有了相应的改变，但是因为受以往传统发展模式的影响所以起步较晚、较慢，市场运营模式也不太成熟，其发展过程中也存在很多问题。

（一）经营机制相对落后

报业经营的思路很保守，缺乏市场竞争意识，有些报业集团更是缺乏创新意识，不去尝试新型的产业，顽固职守，就很难打开市场了。此外，报业集团现代企业管理的结构还不完善。这些问题都是传统报业发展路上的障碍，严重地阻碍了传统报业的发展。

（二）产业结构相较单一

在如今，市场竞争基本呈现多元化竞争趋势，然而很多报业却仍然停留在依靠广告与发行业务生存着，但是广告和发行业务却存在着很多不定因素，易受到宏观经济与新型广告载体的冲击，发展前景自然不容乐观。这也使得报业抵御风险的能力较弱，很容易就使自身陷入进退两难的困境，如果传统报业不能深层次地去挖掘市场潜力来提升自身的报业品牌的营销能力以及开创适合自身发展的盈利渠道，那么报业经济将很难发展下去。

（三）整合资源能力较差

传统报业在受到市场竞争与新兴媒体的双重刺激下，我国各地报业集团都在寻求与不断探索产业发展的新出路，但是很多报业集团都在模仿照搬别人的东西，刻板复制的现象比较严重，致使自身发展方向不明确，另外自身整合资源能力也较差，这就致使各报业只抓规模而忽视质量，舍本逐末的后果就是各报业找不到对自身行之有效的盈利模式，致使报业集团整体大而不强。

二、互联网时代下报业的转变

（一）新闻采集的自动化

随着信息存储技术的提升、数据处理能力的增强，以及用户向移动端转移的趋势，新闻信息数据、用户行为数据、UGC 越来越多，新闻记者的人工方式已经难以驾驭如此大数量级的数据。为了提升数据的有效性，新闻的采集需要完成从人工采集向自动采集的转变。

1. 自动反馈采集数据

智能媒体时代，以传感器为载体、大数据处理技术为支撑的传感器技术对丰富和优化新闻源起到了重要的作用。可穿戴式设备的普及、智能手机的无处不在以及传感器设备的易得性为新闻采集自动化的实现提供了先决条件。当传感器的嵌入越来越多，新闻媒体就可以通过传感器收集大量数据。传感器新闻最早出现在 2002 年的美国，而我国媒体是在 2014 年之后才有所涉足，其中又以央视与百度合作，通过百度地图 LBS 开放平台采集用户手机定位信息而制成的数据新闻"据说春运"最为典型。目前，虽然我国报纸的传感器新闻寥寥无几，但《华盛顿邮报》《今日美国》等国外纸媒却在传感器新闻上做出了有益尝试。《华盛顿邮报》在某篇新闻报道中，记者利用覆盖整个城市三分之一的传感器监测到的八年时间中发生在室外的 3.9 万次枪击事件，制作了枪声地图，并通过传感器记录的声波分析枪声传感器显然比印刷媒介、广播及电视等传统媒介增强了"人的延伸"，它不仅可以看到人看不到的图像，听到人听不到的声音还可以从更多角度获取人无法用感官得到的信息，因此传感器的普及不仅可以拓展记者新闻采集的渠道，而且可以丰富采集到的信息维度。

2. 适应新闻生产专业化要求

传统报业的生产流程是线性一体的，报纸记者采集新闻信息，经过内容和广告编辑之后，最后在终端上发布，整个过程都在报业集团内部完成，外部企业或机构很少参与其中。但是，随着媒体融合的深入发展，新闻从业人员已经明显感觉到"本领恐慌"，传统的采编人员对大数据技术、云技术、人工智能技术等的驾驭能力明显不足，大大限制了新闻信息采集的渠道。

因此，需要将依赖技术完成采集、存储和分析新闻信息的工作交由更加专业的第三方机构或企业，报业集团则聚焦讲述数据信息背后的新闻故事，是当前报业转型中的一大趋势。例如，《纽约时报》与纽约大学动作实验室合作完成的《音乐与指挥之间的联系》新闻报道中，纽约大学动作实验室提供动作捕捉高速相机和反光设备，采集音乐指挥家的动作数据，《纽约时报》负责人物采访和新闻制作。

这种新闻采制分离的形式将不仅有助于报业集团借助外部资源完成新闻采集的量级和维度升级，用更加丰富的新闻素材制作新闻产品，而且能够让新闻从业人员摆脱焦虑，扬长避短。

（二）新闻内容推荐的个性化

在当下信息爆炸的时代，用户往往无法从海量信息中快速、直接地找到有针对性的新闻内容，这就要求报业集团能够充分利用大数据、人工智能等技术，在深度挖掘用户人文数据和行为数据的基础之上，以智能推荐的方式帮助用户完成新闻内容的匹配，实现个性化推送。

1. 搭建内容平台与用户平台

要实现新闻内容的智能化推荐，就要有充足的内容可供新闻从业人员挑选，以满足不同用户的不同阅读需求。因此，对报业集团而言，内容平台的建立与链接是必不可少的。从媒体融合早期的滚动新闻部，到全媒体数字采编发布系统，再到现阶段"中央厨房"模式的全国推行，内容平台不断完善升级。

在内容平台的搭建过程中要防止"信息孤岛"的出现，平台与平台之间需要建立有效链接，打通"中央厨房"之间的壁垒，避免重复建设和资源浪费。人民日报社"中央厨房"已与《河南日报》《湖南日报》《四川日报》《广州日报》《深圳特区报》等地方媒体建立了战略合作关系，在内容、技术和传播等方面开展了一系列的合作，形成内容协作、技术共享、整合传播的格局，资源的共享从内部扩展到了外部，为新闻内容的个性化推荐提供了巨大的空间。此外，在共享内容平台的同时，还要凸显新闻产品的个性化。新闻从业者需要根据自身的媒介特点和受众特点，对选取自"中央厨房"的新闻素材进行二次加工和深度组合，形成形态各异的新闻产品。这就需要新闻从业者一方面具备极强的创新能力，另一方面还要对受众有极强的洞察力，实现新闻产品与受众的高度契合，为不同需求的受众精准推荐新闻产品。

因此，在内容平台搭建的同时，报业集团还需要积极搭建用户平台，建立用户数据库。通过深度挖掘和分析用户的人文数据与行为数据，建构用户画像，为新闻的个性化传播和人性化传播提供依据。然而，相较于"今日头条"等推荐引擎产品，我国报业集团在用户平台的搭建上尚显薄弱。

在用户平台搭建过程中，报业集团需要注意两点。第一，扩大用户数据库规模。新闻产品的个性化推荐要依靠数据挖掘、信息检索、人工智能等技术手段，而这些技术手段的实施又要以大数量级的用户规模为基础。第二，细化用户特征。用户的人文数据标签除了常规的职业、年龄、性别、地域外，还可细化为手机型号、常用阅读环境等标签。同样，用户的行为数据标签除了转发、点赞、评论之外，还可细化为阅读文章的速度、对哪类话题最为关注、在什么情况下阅读这篇文章等标签。只有对用户特征的标签越细化，用户画像才会越精确。

2. 优化算法

在大数据时代，为了实现新闻信息的个性化推荐，算法的研究十分必要，它直接决定着新闻内容与用户阅读兴趣的匹配程度。早期的新闻内容推荐主要采取的是协同过滤算法，即先找到与目标用户阅读兴趣相似的用户集合，再将集合中用户喜欢的，并且目标用户没有阅读过的新闻内容推荐给目标用户。这是一种基于新闻文本的相似性来寻求用户之间相似性的算法模式，对用户的数据挖掘深度不够，用户的阅读兴趣并不能准确完整呈现。现在较为流行的是新闻主题推荐算法，即将用户作为一个研究对象，通过用户的历史浏览记录，依托于相应的数据分析和数据挖掘分析方式，致力于探索用户所感兴趣的新闻主题，最终通过主题分析来得到用户的兴趣爱好，推送相应的新闻信息和广告信息。

为了提高新闻内容推荐的精确度，基于新闻主题推荐模型，一些推荐引擎产品还在不断优化算法，如在挖掘分析用户行为数据的基础上增加用户自选兴趣主题，并将自选兴趣主题不断细化，如在体育主题下有乒乓球，乒乓球下有世乒赛，世乒赛下有知名球员，将用户的被动分析与主动选择相结合，提升用户阅读兴趣分析的精细化，实现新闻内容的智能推荐，满足用户的个性化需求。

三、"互联网+"时代传统报业转型升级策略

（一）经营报业的主体单位性质的转变

改革开放至今几十年，有些文化传媒机构还没有真正实现市场经济占主导地位，仍在国有企业的庇护下，吃着大锅饭，享受着大树底下好乘凉的生存状态。所以，在当今众多新媒体经营主体的竞争冲击下，报业经营主体想要很好地生存下去，必须解决的问题就是自身的主体性质，必须跳出牢笼，走真正实现市场经济为主导的道路，即由国有企业转化成集团公司制性质，真正把自身的经营主体放入市场经济中，才能把自身内部的那些散漫，干不干，干好干坏

一个样等众多坏毛病克服掉，才能把自身的内部细胞激活。现在传统媒体的主体经营单位与新兴媒体主体经营单位的竞争，就好比是当年的国民党与共产党一样，如此强大的武器与军队却打不过共产党的小米加步枪，其实都是一样的道理。

（二）转变用人机制

现在在报业单位上班的员工，无论是管理层还是普通员工，无论是新闻采编人员还是设计排版人员，由于报业主体经营单位的体制性质没有发生改变，所以他们还是享受着铁饭碗一样的待遇和福利，还是享受着朝九晚五的工作节奏，这种慢生活的工作节奏导致了他们对市场上的很多变化都熟视无睹，对市场的洞察能力变得更加迟钝，在这样的工作和生存状态下，在面对灵活、多变、迅捷的市场经济的大潮冲击下就变得毫无核心竞争力了，被挤压淘汰就是迟早的事情了。所以要解决这个问题就需要进行人力资源整合。一是根据报业集团现有人力资源的现状评估，制订一套与报业集团战略目标、环境等相适应的人力资源计划，并进行即时的监督和调整；二是报业管理者要根据报业的实际情况，确定人员的结构和规模，配备一支有新思路、新方法、竞争能力强的专业队伍；三是根据媒介全球化的需要，培养和造就一批报业集团急需的紧缺型媒介人才，倡导建立学习型组织，充分重视培训开发，尊重人的人格，重视人的需要，开发人的潜能，为报业工作人员提供施展才华的舞台。

（三）报业本身内部内容与形式的转变与提升

这一项就涉及每份报纸的内容和形式，怎样吸引受众、吸引读者、吸引广告客户；怎样与电视、广播、车身、站牌、杂志、户外墙体、电子屏、IT型高杆、电梯楼宇、道路灯杆等的传统媒体竞争，怎样与新兴媒体、终端媒体、自媒体竞争。这些都是需要了解各媒体在当今的传播手段与优点，报业应改变自身单一、枯燥的传播模式，向声情并茂、图文结合以及简洁明了方向发展，与新兴媒体融合发展，借彼之长，补己所短，我们可以通过报告内容的深度、内容的聚合和版面艺术的魅力来扩大自己的优势，深入挖掘我们独特的卖点，利用自身公信力的优势结合先进的互联网传播模式开辟适合自身的发展道路。

（四）报业自负盈亏

报业生存除了靠相关政府支持外，主要还得靠报业自身的广告收入来支撑发展，那么报业经营主体不但要经营好报业的内容、形式和传播渠道，还得经营好报业广告，这两者的关系是共生的。所以就有广告公司的存在，怎样经营好广告公司也是其中的内容之一；怎样才能调动广告公司的积极性、主动性，要不要广告公司，要广告公司独代还是普代等。鉴于此，报业经营主体单位要花大力气来把报纸本身的内容与形式搞好，同时也可以节约更多的人力、物力、财力，还是有必要把报业广告业务全部让广告公司来做。怎样权衡广告公司之间、广告公司与报业经营主体之间的利益分配，又不能损坏各自的利益，又要调动各自的积极性，在这样的情况下，报业经营主体单位应该给广告公司经营报业广告的绝对权和权威性，所以让广告公司独家代理是最好的选择，在让广告公司独家代理的同时，报业经营主体单位对广告公司稍加引导与管理即可。

（五）挖掘新兴市场

从当今传媒发展趋势来看，将来报业的发展走向应该是挖掘新兴市场，拓宽自身的产业面。报业产业的拓宽，首先就是要在领域方面进行拓宽，这就需要报业加强资源整合的力度，进而选择一些存在隐形优势和发展潜力的领域，并优先发展。如进军文化产业和酒店服务业，争取开发出满足群众需求的综合文化体验产业。其次是在区域方面进行拓宽，如有条件的纸媒就可以选择与地市区县合作办报、办网，这样不但可以提高自身的影响力，还可以通过相应的优质条件快速占领市场，并且可以为开放当地的新兴产业打下一个良好的基础，进而不断拓宽自身的产业空间。

四、实施智媒化发展策略

（一）坚守新闻本位原则

新闻媒体是以向社会传播信息作为其生存依据的，传播信息是新闻媒体的第一功能。新闻媒体需要针对社会普遍关注的热点问题和重大突发公共事件，通过客观而真实的报道，消除群众疑虑，疏导群众情绪，化解矛盾，使热点问题和重大突发公共事件朝有利于公共利益的方向发展，以稳定社会，促进社会和谐。在严峻竞争之下，报业集团已经越来越意识到技术的支撑作用，纷纷将技术深度根植于新闻的产制过程中，作为吸引用户注意力的法宝，但是过度追求眼球经济，而淡化其舆论导向作用，这显然是不可取的。

报业转型的智媒化发展策略虽然强调人工智能技术、大数据技术、云技术与媒体之间的联系，但是却不能一味炫技。新闻的本质并未改变，技术是为新闻服务的，在智媒化发展策略下出现的传感器新闻、个性化新闻、沉浸式新闻等都只是一种新型的新闻形式，其支撑依然是有价值的新闻内容。

（二）平衡数据使用与数据对象隐私保护之间的关系

在实施智媒化发展策略的过程中，数据特别是用户数据，成为新闻生产中的重要元素。当下隐私保护法以个人为中心的思想，使得数据收集者必须告知个人，他们收集了哪些数据、作何用途，也必须在收集工作开始之前征得个人的同意。虽然这不是进行合法数据收集的唯一方式，"告知与许可"已经是世界各地执行隐私政策的共识性基础。但是随着数据集越来越大，在使用数据时获得每个人的知情同意是不可能的，很难保证数据对象的自主原则。大数据的价值不再单纯来源于它的基本用途，而更多源于它的二次利用和 N 次利用，这就会出现数据初始采集目的与数据使用目的不相容的问题，即使数据采集时已获得数据对象的知情同意，新闻记者编辑在新闻生产中对数据的循环利用也很难每次都做到"告知与许可"。在"告知与许可"已经失效的大数据时代，新闻传播业还没有采取有效措施，使数据使用与数据对象隐私保护之间达到平衡。随着新闻媒体存储和使用的数据量越来越大，新闻传播业亟待制定数据伦理的专项规范，指导新闻从业者在智媒时代下的新闻实践，促进良性信息生态环境的形成。

（三）提高配套基础设施的发展水平

自 2015 年以来李克强总理在多个场合反复强调"提速降费"，近年来我国网络速度也实现了较大幅度提升。与此同时，我国通过推动电信企业降低网费、加强对电信市场的监管、提高电信企业运营效率、有序开放电信市场等方式，引导电信企业开展定向流量优惠、闲时流量赠送等业务，降低流量资费水平，鼓励电信企业推出流量不清零、流量转赠等服务，宽带服务综合性价比得到提升。我国信息基础设施建设仍有巨大空间，需要不断落实"提速降费"政策，让用户能够用得起高速网络，为新兴新闻形式的清晰稳定播出提供有力保障。

第五章 现代企业经营管理中团队建设的积极作用

团队建设在企业发展中是十分关键的一个环节，其在推动企业发展的同时，也能够显著增强企业的市场竞争力，团队建设的质量直接关系到企业的社会信誉与经济效益水平，因此团队建设对企业的长远发展有着不容忽视的作用。因此，在企业的发展中，必须采取有效措施，做好团队建设工作。本章分为团队建设概述、企业团队建设的积极作用两个部分。其主要包括：团队建设的任务和一般程序、团队建设存在的问题和重要举措等内容。

第一节 团队建设概述

一、团队的定义和特征

随着全球经济一体化和科技的日新月异，企业面临着比以往任何时候都更激烈的竞争环境，环境越趋向复杂多变，组织靠任何一个人来解决问题将变得更加困难。随着组织变革与发展，组织结构趋于扁平化，更倾向于集体解决问题以达到协同作用，灵活高效的团队在企业实践的诸多领域，显得尤为重要。团队是一个特殊的群体。团队凝聚力强、合作程度高、成员贡献意识强，团队工作效率就比一般群体高，在团队中工作人们的心情也比较愉快。团队对组织、对成员个人都有许多好处，因此，管理者一般都喜欢团队工作方式。但还有很多管理者对团队的认识很模糊，不知道如何建设团队和领导团队。团队是一种具有特定属性的群体。为了认识团队，应先理解群体。

（一）关于群体的概念

群体是由具有特定社会关系结构的一群人组成的一个整体，一个系统。所谓社会关系结构，是指发生互动关系的社会成员及其互动方式。互动是指沟通、交往、相互影响。为了更好地理解群体，有必要区分人群与群体。

人群是由多个个人偶然聚在一起的一群人。人群的互动方式具有偶然性、短暂性、不稳定、沟通缺乏深度等基本特征。例如，街头偶然相聚的一群人或同乘一部公交车的人，他们的互动方式具有短暂、偶然等特征，没有形成稳定的互动关系。人群的成员互动关系仅存在于短暂的时间内，成员之间的沟通缺乏深度。人群的社会关系还没有形成相对稳定的结构，随机缘聚散群体的成员互动方式表现出具有目的性、持续性、稳定性和沟通比较深入等特征。群体是人们为了某种目的有意组成的社会系统或是在社会生活、工作中经过长期交往自然形成的非正式社会系统。为了实现群体的共同目的，群体成员之间必须保持联系和互动，持续不断地进行沟通和交往。这些互动特征反映了群体内部的社会关系已经形成了特定的结构。群体是由人们组成的互动关系已经结构化的一种社会系统。

现代通信技术扩展了群体成员地域分布的范围。例如，现代的 QQ 群、微信群、电子邮件群体、网上虚拟小组等，都可能是地域分布广阔的群体。

从人数来看，群体通常是指成员数量有限的小群体。但是这个有限的数量又难以确定。因此，有的学者从成员相互认识这个特征来定义小群体。根据这种定义方法，小群体的成员彼此相互认识，至少彼此知道姓名，知道谁是群体成员和谁不是群体成员。由于人数有限，小群体的成员通常能够在线下进行面对面的直接沟通。但今天的网络通信技术和互联网突破了人际沟通的地域限制，在网上沟通的小群体的成员不一定有机会在线下面对面沟通，而且群体人数可能很多。

（二）关于群体的划分

1. 初级群体与次级群体

根据群体的主要功能是否满足个人的情感需要来划分，群体可以划分为：初级群体和次级群体。

初级群体是指一种主要满足人们归属需要和情感需要的群体。这种群体的存在不是为了完成什么工作任务，而是为了满足人交往以社会归属和情感的需要。家庭、朋友，关系密切的同事，学习或生活中的伙伴群体等属于这类群体。初级群体是通过社会交往在感情基础上形成的群体。根据定义，非正式群体属于初级群体。现代社会的核心家庭（夫妻两人组合的小家庭）比较特殊，建立家庭需要得到法律的承认并获得法律保护，因此，家庭虽然是初级群体的一种类型，但却是一种正式的社会群体。

次级群体是为了达成某种工作目标或其他社会目标的正式群体。企业组织和非牟利的社会组织中的正式群体都是次级群体。

2. 正式群体与非正式群体

根据成员互动关系的结构化程度的高低，群体可以划分为正式群体和非正式群体。正式群体的关系结构化程度高于非正式群体。正式群体是为了一个明确目标而正式建立的社会系统。其成员互动方式更为稳定，更为频繁，互动关系更持久，互动目标更明确，分工和合作的关系更为明确，有正式的职位分工，有明确规定的正式的沟通渠道和正式的互动规则。

非正式群体是人们在社会交往过程中自然形成的一种社会互动系统，一般没有明确规定的工作目标或社会目标，只是由于互动的人们有共同的兴趣和爱好，或者有共同关心的问题，经常进行沟通和共同参与某些活动，自然而然地形成了一个关系结构比较松散的群体。这种群体没有正式的分工，也没有正式规定的沟通渠道。成员的互动方式在稳定性、频繁性、持续性、目标性、分工协作方面均不如正式群体，表现出明显的随机性和个人随意性。

就人数来说，正式群体与组织存在重叠或包含关系。一个只有几十个人的小公司，其全体成员形成一个正式群体。而一个大型组织中的一个部门的全体员工形成本部门的正式群体。一个正式群体之内还可能包含若干个更小的群体。

非正式群体既可以在一个组织内部形成，也可能跨组织形成。例如，两个企业的部分员工可能经过交往而形成跨组织的非正式群体。某些组织的员工也可能与组织外的社会成员组成跨组织内外部的非正式群体。

3. 按照具体功能划分的群体

根据群体的具体社会功能。群体还可以划分为活动群体、个人成长群体、学习群体。活动群体是指人们为了参加某个项目的社会活动形成的群体。例如，自驾车旅游群体、打桥牌群体、钓鱼群体、踢足球群体、聚餐群体、婚礼群体等。这种群体的存在时间决定于活动的需要。

个人成长群体包括那些帮助参加者的个性成长和个人行为矫正的群体以及通过成员相互支持解决个人问题的群体。例如，参加心理咨询活动的小组、戒烟或戒毒小组、癌患者相互支持的小组。这类群体为个人提供一种解决个人问题的群体环境，在小组中获得支持。这种群体的成员是不固定的，群体的存在时间也比较短。

学习群体是为了更好学习知识和发展专业能力的群体。学校中的学习小组、企业中的学习小组等是这类群体解决问题的群体。这类群体是为了解决问题而组成的群体。这类群体面临的任务可能是理论的问题或者是实践的问题。专家小组、技术开发小组、各种委员会、会议、控制小组等是这类群体的例子。

由上所述可知，群体有多种多样的形态，不同群体的主要社会功能和目标是不同的。

（三）关于团队的概念

人的集合是否就是团队，答案是否定的。公交车上乘车的一群人、电影院里看电影的一群人都是人的集合，但不能称为团队。团队与群体的主要区别在于，团队是有一个共同的目标，经由分工与协作，权力和制度约束而形成的人的集合。每年美国的职业球赛结束后，都会从各个优胜队伍中挑选最优秀的球员，组成"梦之队"，再赴各地比赛。但这支队伍总是令观众失望，胜少负多。可见，虽然他们都是优秀的球员，但由于平时不在同一个球队，相互了解甚少，没有团队协作氛围，优秀的人员无法形成高效的团队。

卡曾巴赫（Katzenbach）和史密斯（Smith）认为团队是才能互补、根据共同的目标设定绩效标准，依靠互相信任来完成目标的群体。阎剑平在《团队管理》中对团队下的定义："团队是指相互信任、相互支持、目标一致、技能互补的人群，为完成某一任务而组成的一种十分默契的合作关系。"团队的类型在管理实践活动中非常多样，有决策团队、特殊任务团队、部门团队、跨部门团队、品质管理团队、自我督导团队和自我管理团队等。而关于团队的建设，要建设好一个团队，先要认识团队的本质属性。比赛中的运动队是典型的团队。以一个运动群体为例，来简述团体的本质。

足球队是一种典型的运动团队。在足球队里，成员是根据任务特意配置的，每个成员有自己的特长和相应的职责，每个成员都要努力为比赛的胜利而充分发挥自己的能力，同时成员之间需要高度相互配合，争取整个群体的成功。这个足球队表现出这些特征：任务取向，分工明确，个人充分发挥自己的特长，高度配合，力争整个群体的成功。

米卢蒂诺维奇（Milutinovic）认为，除了像马拉多纳（Maradona）那样的天才球星具备与众不同的特质外，大多数球员的技术和能力相差不大，因此他更愿意使用那些能够对整体贡献最大的球员。米卢强调团队成员个人要服从团队整体的需要。米卢执教哥斯达黎加国家队时，右边锋梅德福德（Medford）技术出色，快得像风，是该队最出色的球员。一般人都期望梅德福德一开赛就上场。

但在 1990 年世界杯赛上，米卢根据整体技术安排，没有让梅德福德首发上场，而是让他先"坐板凳"观战。在开赛前，米卢就把需要"坐板凳"的计划告诉了梅德福德。梅德福德完全理解和接受米卢的安排，遵照米卢的指示不对记者发表任何不利的评论。每当记者问他为什么没有安排他首发上场时，梅德福德没有说过一句指责教练的话。米卢非常欣赏梅德福德的团队精神。在与瑞典队决战的最后 30 min 时，哥斯达黎加队 0 ∶ 1 落后，米卢派梅德福德上场。梅德福德射进一球，并且为队友制造射门机会，最终以 2 ∶ 1 胜。

足球队作为一个团队，具有的重要特征：有共同的目标即战胜比赛对手，获得全队的胜利；成员自觉自愿地服从团队整体利益；成员之间高度协作；成员的技能是互补的；成员受比赛目标的驱动，具有内在动力；在比赛过程中享有高度的行动和决策自主权；需要高明的教练的指导。

足球队作为团队的这些特征，其他的运动队也具备。把运动比赛队伍的特殊性更换为比较一般的性质，如教练更换为领导，比赛更换为工作，可以发现一般的工作团队也具备这些特征。

团队本质上是一种通过成员之间高度积极、自觉的协作来实现群体统一目标的组织形态。

（四）关于团队与一般群体的比较

为了深入理解团队性质，我们必须把团队与一般群体进行比较，团队是一种特定的正式群体，

"团队"一词脱胎于工作群体，又高于工作群体。所谓群体，是指为了实现某个特定目标，有两个或两个以上相互作用、相互依赖的个体的组合。在优秀的工作群体中，成员之间有着一种相互作用的机制，他们共享信息，做出决策，帮助在其中的其他成员更好地承担责任、完成任务。这其实已经蕴含着一些团队的精神。但是，在工作群体中的成员，不存在成员之间的积极的协同机制，因而群体是不能够使群体的总体绩效水平大于个人绩效之和的。团队为组织创造了一种潜力，能够使组织在不增加投入的情况下提高产出水平。需要注意的是，组建团队并不"包治百病"，仅仅把工作群体换个称呼，改成工作团队，并不能保证在组织中一定会产生协同作用，提高组织绩效。比较小的组织，整个组织可能成为一个团队。但在大型社会组织，如大型公司中，由于职能分工的缘故，可以存在多个团队。

工作群体又有重大的区别。在许多方面，团队都表现出与一般的工作群体的区别。这些区别，有的主要是"有"与"无"的区别，有的则是程度上的差别。

1. 分工的不同

团队内的分工具有更大的灵活性,团队内的角色因工作的需要而经常转换;而一般群体内的分工和职位角色因受到人际关系消极因素的影响,是比较固定的,是不灵活的。

2. 合作程度不同

团队有高度自觉协作的意识。虽然普通的工作群体也有协作和集体的目标,但是团队的协作程度远远高于普通群体。普通群体的成员可能和睦相处,但可能缺乏共同协作,而团队成员不仅要和睦相处,更要共同协作、自觉协作。一般群体的合作很大程度上依靠管理压力来维持,而团队的协作主要是自愿的。

3. 凝聚力的不同

团队的凝聚力很强,而一般群体的凝聚力比较弱。团队成员有强烈的群体归属感,人际关系融洽;而一般群体存在比较多的人际关系紧张情况,成员的群体归属感弱。

4. 沟通质量不同

普通群体内部由于竞争意识过强,相互沟通存在很多障碍。而团队由于合作意识强过竞争意识,相互沟通质量很高,信息高度分享,相互之间高度信任,不同意见可以得到很好的交流。与非团队相比,团队内的人员相互沟通更加真诚坦率。真诚坦率的沟通强化了相互信任和合作的意识。非团队内的人际关系,由于相互信任度比较低,合作意识比较弱,相互戒备的心理成为坦诚沟通的障碍。

5. 成员关系的不同

这一层面所包含的内容包括:具体的交流方式、成员间的信任度以及发表意见的多少等几个方面。在一般的群体,成员间的交流往往是非正式的和不充分的,彼此之间不够了解也缺乏信任,沟通的渠道少而不畅。而团队成员间的沟通却是多样而充分的,并且越是高效的团队,其成员间的互相信任程度也就越高,也因此更鼓励发表不同的意见和建议。团队是一个典型的复杂系统,成员之间相互影响并具有动态性与非线性特点,只有通过彼此信任合作才能弥补单一成员的缺陷。团队是由优势互补、彼此信任与支持并拥有团队目标的个体所组成的群体。而群体是具有偶然性、短暂性等特征偶然聚在一起的一群人。

6. 矛盾性质的不同

团队内的矛盾更多的是对事物的看法和处理方法的意见的不同,而一般群体内的很多矛盾属于人际关系紧张的矛盾和个人利益与群体利益的矛盾。团队内部矛盾可以通过公开争论得到解决，而一般群体内的矛盾很多是不公开争论的，因此可能导致严重的冲突。

7. 目标认同的不同

团队成员高度认同团队目标，而一般群体认同共同目标的程度比较低，或者没有明确的群体目标。

8. 奉献的意识不同

团队有一个成员共同信服的目标和共同的责任感。例如，这个目标可能是"使我们的企业成为行业第一"，或者"提供最优质的服务"，等等。而普通群体虽然也有一个群体的目标，但是成员对群体目标的信服和认识未能达到高度的一致。团队成员有强烈的为团队目标奉献的意识，而一般的群体缺乏这种意识，或者意识比较淡薄。

9. 相互信任程度不同

普通群体内的互动缺乏足够的相互信任，内部竞争意识强，合作意识比较弱。而团队内人们相互信任、相互合作的意识大大强过内部竞争意识。为了激发个人或团队内各个小组的潜力，团队也可能采取内部竞争的工作方式，但团队内部的竞争控制在一定的限度内并且采取"温情竞争"的方式。过度激烈的内部竞争会破坏凝聚力。

10. 决策权力分配的不同

团队的领导对成员授权很多，而一般群体的领导和管理者将权力集中在自己手里。团队成员享有高度的自主管理权和决策权，而一般群体成员没有这个特点。

11. 对群体目标的评价标准不同

在评价标准中，团队目标高于个体目标，团队强调集体整体性目标，个体目标的意义是次要的。普通群体也有集体的目标，但个人目标得到强调。团队目标的成功就是个人业绩的价值所在，如果团队目标没有实现，则任何团队成员个人的业绩没有根本的意义。而普通群体评价成功的标准是，即使集体目标失败了，但其中的个人仍然可能被认为是成功的。

12. 个人业绩与群体业绩的关系不同

团队的工作任务和责任虽然也要分解、分散到个人，但这些个人的任务和责任导致的个人业绩没有独立的意义，而是构成团队业绩的有机组成部分，即

团队的个人业绩的意义包含在群体业绩中。而普通群体内成员更多的是各干各的任务，任务、责任和业绩主要分散计算到个人头上。

13. 个人与群体的利益一致性的不同

团队中个人利益与团队利益的一致性程度很高，而一般群体中个人利益与群体利益的一致性程度比较低。

纵观这些将团队与一般工作群体区分开的因素，除了比较极端的情况外，在大多数情况下，主要是程度高低的差别。例如，一般群体也有合作，但合作的程度没有团队那样高；一般工作群体也需要沟通，也存在大量沟通，但沟通的信息的范围和深度都不如团队中的沟通。与一般群体的比较，使我们相信，团队比一般群体的组织"质量"更高。

我们现在可以对团队下一个简明的定义，即团队是为实现共同目标而自觉合作、积极努力的一个凝聚力很强的社会群体。这一概念先肯定的是团队是一群有组织的人们；这些人有明确的共同目标；为了共同的目标，大家能够自觉合作并且积极努力；这些人凝聚力很强。由于团队大部分属于工作团队，是以目标和任务为导向的群体，因此成员的工作技能是很重要的。有的学者对团队的定义除了包含上述几个特征外，还指出团队是由一群技能互补的人组成的。工作型团队需要技能互补的成员。团队通常都是工作型团队。

二、团队建设的任务和一般程序

团队建设通常是指集体的组织，并有效发挥集体的凝聚力共同对外的团结作用。团队建设属于现代化企业发展管理的关键方式，属于企业健康稳定发展的必然趋势，属于有效提升企业社会地位与经济利益的关键举措。随着我国社会经济的日新月异，许多企业对团队建设发挥的作用高度重视，并注重人才的聘用与选拔，尽力为企业创建具备较高价值水平的优秀团队，进而为企业的发展效力提供保障，并为企业在激烈的市场竞争中脱颖而出提供帮助。

（一）团队建设的三大任务

团队建设是一个使团队品质不断完善的长期过程。凡是能够提高团队效能的事情都与团队建设有关。团队建设涉及团队许多方面的工作。大体而言，团队建设有三大方面的基本任务。

1. 创建团队

团队建设要创建团队，即把一些人员组合在一个群体中，为团队奠定队伍基础，这是团队建设的起点。组合人员不是简单地把一些人安置在一个群体中，而是必须经过一个心理融合的过程，这是成员间增进相互了解、相互信任和凝聚力的过程。

2. 养成团队品质

团队建设的核心任务是养成团队品质，把群体建设为一个真正的团队。具体内容包括：培养团队精神，发展团队工作能力，制定团队规范以及发展团队信任气氛，使之最终成为一个品质优秀的团队。在建设成为一个真正意义上的团队后，团队内部环境发生了变化，主要表现在：团队成员已经相互信任，彼此比较了解，认同共同的团队目标和团队的核心价值观，能够共同面对团队的任务和困难，凝聚力达到一定的强度。

3. 保持和增强团队优秀品质

一个群体成为团队后，建设团队的工作开始转入新的阶段。这个新阶段的任务是不断适应内外部环境的变化进行"微调"，继续保持团队的品质和优势。这第三项任务与养成团队品质所依据的原理和方法没有本质的区别，是建成团队品质以后团队建设过程的继续。

（二）团队建设的一般程序

团队建设的三项任务构成团队建设的系统工程。三个任务的完成呈现出一定的时间系列，形成团队建设完整过程的三个阶段：创建团队阶段（组合阶段），养成团队品质阶段（成长阶段），继续保持和发展团队优秀品质与优势阶段（成熟阶段）。

在团队建设的过程中，贯穿始终的是团队的沟通、团队管理和团队领导。从组合团队的第一天开始，团队建设就离不开良好的沟通、管理和领导。沟通、管理和领导的质量直接关系到团队建设的成效。团队建设一般要经过以下三个阶段。

①创建阶段的目标：将经过选择的一些人组合在一个将要成为团队的群体内，使人们经历初步的融合。

②成长阶段的目标：养成团队优良品质，使群体最终发展成为真正的团队。具体内容就是培养团队精神，发展团队工作能力、团队规范，提升团队信任气氛。

③成熟阶段的目标：继续保持团队优良品质，为了适应变化的环境进行必要的调整，继续发展团队的优良品质和优势。

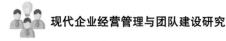

团队创建阶段一般要经过五个环节：确定团队目标、确定团队类型、分析团队角色、配置团队人员和人员的心理融合。

成长阶段是群体能否成长为团队的关键时期。这个阶段的四大项建设任务构成团队建设的主要内容，其实质是构建优秀的团队品质。

在成熟阶段，群体已经成为真正意义的团队，这时团队合作已经达到并维持在一个高水准的阶段。团队成熟阶段可能很长，也可能很短。项目团队随着项目的结束将终止团队生命。但是一些常规性团队的生命周期与整个组织的生命周期一样长。在团队建设的整个过程中，贯穿始终的必不可少的组织要素是沟通、管理和领导。

三、团队建设存在的问题和重要举措

（一）团队建设存在的问题

1. 管理制度不完善

企业管理的成败很大程度上取决于人所处的环境，以及由此环境演绎出来的价值取向，是一种漠视规则的无序状态，是一种制度井然的有序状态。这是一个非常重要的关键性因素，对于团队建设亦是如此。任何团队无论它是多么优秀，一旦进入无序的状态，它也就离挫折不远了。据有关问卷调查可知，多数员工对本团队的管理制度建设并不满意，这主要是因为该团队中的各项制度建设不完善，绩效考核制度、奖金福利制度等都是简单的几句条例，并没有实现真正的规范化管理。

2. 团队目标不明确

每个团队都应该有一个既定的目标，这可以为团队成员进行行为导航使他们清楚地知道整个团队和自己的行为努力方向。可是实际上，有不少成员认为自己所处的团队并没有明确的目标，即使有一部分员工认为团队中存在目标指引，但是其最终的实施效果并不理想。而对团队中的每个成员来说，有很多员工自己认为他自己并没有清晰而明确的目标。团队与团队成员的目标缺失，影响着整个团队的建设。

3. 激励机制建设不到位

激励是将个人动力导向企业团队目标的过程，每个人都需要有效的激励，在资源一定的情况下，评价团队激励政策有效性的标准是"是否使核心人员满意"。激励是一个引导和强化行为的过程，也是激发人的动机的心理过程。激励就是诱发动机，就是强化干劲。激励对于团队工作而言是不可或缺的必要条件。激励的要诀在于点中要穴。激励的目的是调动人的积极性和创造性，充分发挥人的主观能动作用。激励是团队管理的一个重要组成部分。它是根据激励的原理，采取具体的激励方法，来提高团队成员的工作效率，进而提高整个团队的工作效率。激励的方式主要有竞争、奖励等多种方式，而现实中许多企业的团队建设，在成本因素影响下，对员工的激励方式并不多，且激励制度建设也不健全。

4. 团队整体执行力不强

就当前许多企业的团队建设而言，不尽如人意之处，就是整个团队的执行力不强。有不少员工反映，他们对团队的执行力感到不满意，主要是因为团队在制定某些任务目标时，这些任务目标不接地气、比较盲目、不具有客观操作性。即使有部分任务目标可以及时落地，但在实际实施过程中，监督检查不到位，执行也不到位，结果总是打折扣，所以从总体上来看，整个团队建设的执行力需要加强。

5. 团队建设缺少足够的力度

若想为企业创建优异的团队，势必要增强团队建设的力度，并非分组的管理形式化组织。现阶段，很多企业的团队建设如果仅仅是企业内部小组的划分，就不会熟悉团队建设的实际意义，并未意识到团队建设的团结力和价值呈现，造成企业整体团队建设缺少足够的力度，无法实现团队建设的标准，进而无法保证团队建设实现预期的效果。

6. 团队建设缺乏相应的执行力

企业若想保证团队的优秀，就要保证团队内部员工之间具备较强的凝聚力，因此，团队中所有的员工势必要具有相应的工作能力，在学习能力方面、工作执行能力方面到达相应的水平，并不代表团队中仅有几个人具备高能力。当前企业团队建设存在的问题就是企业团队在建设过程中执行力较为迟缓，企业安排的工作无法及时完成，导致工作效率与质量降低，无法明确落实企业的相关制度，造成工作无法实现预期的目标，最大程度地制约了企业运行与稳定发展。

（二）团队建设的重要举措

1. 提高企业团队建设的组织力度

企业在团队建设的过程中，需要依照企业内部发展的具体情况与市场的竞争状况展开分析，针对企业团队建设的具体情况创建完善的管理制度，提高团队建设的组织力度，为团队建设的效率与质量提供保障，确保团队建设实现预期效果。增强企业团队建设的组织力度，为团队建设执行工作的效率提供保障，加强团队员工的责任意识，可以平静看待并接受企业的奖惩制度间的利益关联，为企业未来的稳定发展带来保障。

2.增强企业员工学习能力与执行能力的训练

为了确保团队建设实现预期的目标，势必要加强训练企业内部所有员工的学习能力与工作执行能力。第一，创新员工的培训内容，提高其学习能力的方式，专项强化练习工作的执行力。第二，应该增强员工间的合作交流能力，进而保障员工的学习与执行能力，有助于增强企业员工的工作效率。

3.强化团队的目标意识和责任心意识

企业中的团队应该具有共同的目标，使团队中的成员可以按照共同的目标去努力，提高团队的凝聚力。在现代企业的管理中，团队建设应该形成成员的目标意识，使团队中的成员可以理解团队的目标，使个人的行为与团队的目标形成一致，这样成员在工作中才能促进团队的发展，实现团队的价值。

在团队中，团队成员的工作不仅仅代表着个人的成绩，而且也是一个团队综合能力的表现，所以，团队成员在工作中应该提高责任意识，在遇到问题后，应该勇于承担，积极解决问题，而不是相互推诿，导致问题难以得到解决。责任心指的是对自己、对他人负责任的认识和信念，是应该遵守的基本道德规范，是成员自觉履行职责的态度。在进行团队合作中，最重要的就是责任心，团队成员责任心的培养应该从细节做起，应该做到遵纪守法，而且在工作中不能拖延，应该按时间完成工作，在岗位上应该自觉履行岗位的职责。团队中的成员也应该通过教育的方式提高自己的责任心，一个团队应该形成坚持与时俱进的原则，管理人员可以定期培训员工，让员工的工作技能更加完善，使他们可以学习新的理念，养成良好的工作态度。

第二节　企业团队建设的积极作用

一、一般企业团队建设的积极作用

（一）有助于企业管理

团队建设的质量对企业管理有着非常显著的影响，科学的团队建设能够很好地保证企业的有效管理。团队建设主要是为了保证企业的团结协作、营造良好的企业氛围、促进员工间的良好关系，也在一定程度上提高了企业的效益水平。团队建设能够更好地发挥集体的价值和作用，显著减少企业对员工提出的硬性要求。此外团队建设还能使企业中人员的责任与义务划分更加清晰，工作规划合理性也显著提高，在企业没有做详细规定的前提下，员工能够完成自己分内的工作，同时还能提高工作安排的科学性，避免了工作安排中的矛盾和不快，对员工间建立和谐的同事关系起到了十分积极的作用，能有效改善企业的工作氛围。因此，高质量的团队建设能够使企业更加团结一致，员工间可形成一股巨大的凝聚力，进而保证企业管理的效果，有效规避企业发展中的内部矛盾。

（二）有助于提高员工工作积极性

在一个团队当中，每个人都有自己的价值，每个人都应做好分内的工作，互相协作且互不干扰。所有的工作都是平等的，并不存在高低贵贱之分。团队内部的工作人员要相互配合、相互尊重，从而更好地发挥个人的作用，为企业目标的实现而贡献力量。团队建设能够将企业中的所有人聚集在一起，充分发挥集体的力量。此外，良好的团队建设还会为企业带来良好的环境氛围，员工的工作积极性也能得到充分的调动，使每个员工的工作潜力都得到挖掘，更加充分地发挥每个人的作用，为企业的建设发展以及经济效益水平的显著提升提供更加有利的条件。

另外，团队建设可以使成员之间实现优势互补。在企业中，员工的技能是存在差异的，而且每个人的能力也是有限的，在企业中只有建立团队，对团队进行科学的管理，才能对各方面的工作进行协调和分工，使员工的长处都能发挥出来，促进企业经济效益的提高。在团队合作的过程中，团队中的成员可以实现优势互补，可以学习对方的长处，弥补自身的不足，而且通过对企业的长远规划分析，团队建设不仅对团队有好处，而且也可以对团队中的成员有所提升。在企业中员工可以通过科学的协调，进行明确的分工，从而实现更高效率的工作。

（三）有助于增强企业的市场竞争力

团队建设需要每个个体充分发挥自身的作用与价值。团队是否优秀不仅取决于其人数，还取决于团队中工作人员是否能够保质保量地完成自己的工作，是否能够保证分工的科学性以及合理性。高质量的团队建设一方面可以很好地提高工作效率，另一方面也有利于企业良好形象的树立，使企业具有更好的社会信誉，而社会信誉是一个企业在市场上立足并获得更大市场发展空间的重要因素，因此团队建设的水平在企业的发展中十分关键。

（四）有助于提高工作者的合作效用

团队精神与团队工作能力相互作用，相互增大效用。一方面，团队精神增强了，合作更有效，团队的工作能力必然发挥得更好。另一方面，团队工作能力发挥得越好，团队精神的潜在价值通过团队绩效得到的实现越多。相反，如果一个团队很团结，但是整个团队工作能力低下，实际效能很差，团队精神对团队工作的价值也就难以实现。如同一个很有干劲而能力却不足的工作者，他的干劲的价值无法落实到工作绩效中。同样，好的规范与团队信任气氛也会增大团队精神和团队能力的效用。

团队对组织、个人都具有重要价值。因此，团队建设对组织和成员个人都具有巨大的积极意义。团队价值体现在以下三个方面。

①对组织工作的价值：团队精神和团队的协调工作方式能够提高工作效能与取得工作的高绩效。

②对群体人际关系的价值：团队的气氛使成员之间的人际关系变得更加融洽。

③对个人心理健康的价值：团队的合作气氛给团队成员较高的心理满意度，有利于人的心理健康。团队的高凝聚力使得成员对团队和团队人际关系的气氛感到满意，心情愉快，心理健康度高。

二、报业企业团队建设概述及其积极作用

（一）报业企业团队建设概述

报业品牌的经营需要一个好的团队来实施。团队是一种为了达成某种目标而由相互协作的个体组成的正式群体。事实证明，一个优秀团队的协作能力远

远比个体行动要高得多。特别在当今多变的社会环境中，灵活多变的团队比传统结构的部门的运作效率更高效，更容易适应多变的环境，并且能够及时地对外部世界的变动做出调整，同样，媒体的经营也需要这样的团队来保证。为了实现某一共同的目标，集中整个团队的人力、物力、财力，运用集体智慧来完成这一目标。媒体作为特殊的组织，在进行报业品牌文化建构的过程中，需要不同优秀团队之间相互的协作来完成。

办一流报纸，就必须有一流的人才队伍。报业品牌的文化建构，其最终影响因素在于背后的品牌团队。

1.基本团队建设

记者是基本的品牌团队。报社首先要办报，所以要有办报人才。报社要塑造报业品牌文化，所以需要有品牌团队来实施。具体讲就是名记者、名编辑、名评论员、业务带头人。报社要发展文化产业，要经营，需要经营人才，或者说职业经理人。报社这么大个摊子，还需要管理人才。报社的经营管理有自己的规律性，即报业是文化产业，报社的经营是以报纸为中心展开的。把报纸办好，把内容做强，做出影响力，才能创造发行量，才能吸引广告，为经营搭起平台，为经营工作者发挥才能创造舞台，最终形成报业品牌文化。

记者严格遵守报业内部的文化制度，在媒体价值观、新闻理念、新闻标准、新闻原则或规范、采编行为统一的基础上，通过日常具体的可操作活动，为达成组织制定的统一目标而努力着，最终这些行为将形成一种自觉行动，沉淀为组织内部的文化，即报业品牌文化。

首先，记者以其自身的新闻媒介素养，敏感的政治意识，过硬的业务水平来保证报社的日常基本活动的实施。政治强，业务精，作风过硬，成了衡量优秀记者的标准。真正优秀的记者具有"政治家办报"的敏锐性，是能够在第一时刻紧随社会政策动态，并撰写出优秀稿件的报人。这是保证报业品牌文化建构的基本业务基础。

其次，记者不同于社会的其他工作者，优秀的记者应该具有一种崇高的责任意识，为人民服务。例如，大众日报社，老一辈大众报人就是怀着一种救国救民的崇高责任走进新闻队伍的。第一任社长刘导生是北京大学的学生，第一任总编辑匡亚明是上海大学的学生，他们怀着赶走日本侵略者，解放劳苦大众的理想，脱去了长衫，从大城市走进了沂蒙山，甘于吃苦受累，不怕流血牺牲。和平年代，环境变化了，条件不同了，对人的要求也不同了，但是责任意识仍然是新闻工作者成长成才的动力之源。新时期的好记者陈中华之所以做出了不同于常人的事迹，也是靠了这种一脉相承的崇高责任。这使他不管年龄如何变化，不管职务如何变动，不管岗位如何调整，不管身患重病的折磨，始终如一地用手中的笔，为社会和大众奉献光和热。要始终做到勿忘责任，勿忘人民，永远与人民大众在一起，永远保持对新闻工作的激情和奋斗的不竭动力。这些独特的精神最终都会汇合成一股精神洪流，成为一家报社区别于其他报社的独有特点。

2. 专业团队建设

人们的心理凝聚力是团队精神中最集中表现的心理要素。没有凝聚力，就没有团队精神，也就没有团队。有了强凝聚力的群体，就有了团队。组织文化是一稳定、长远、潜移默化地影响组织成员的价值观、态度、行为方式的组织环境因素。企业文化建设是企业思想政治工作的一种创新形式，它不仅能增强企业的凝聚力，也是提升团队竞争力的重要举措。报业品牌文化的建构需要专业团队的协助。我国的报业市场，在经历了改革开放以来的高速成长之后，正在进入分化发展、整合突围的新阶段，从而成功实现转型，增强综合实力。我们对报业发展的认识已经不能停留在过去的层面，而应该把报业品牌作为媒介经营的中心环节。品牌是影响力，品牌是凝聚力，品牌是竞争力，品牌战略在报业整合发展中居于统领和先导地位。

品牌运营是指企业利用品牌这一最重要的无形资本，在营造强势品牌的基础上，更好地发挥强势品牌的扩张功能，促进产品的生产经营，使品牌资产有形化，实现企业长期成长和企业价值增值，它是从产品经营、资本运营发展而来的，是企业以品牌为核心所做的一系列综合性策划工作。随着市场竞争的日趋激烈，我们的目光显然已经不能局限于过去对媒体运作的认识，记者作为报业品牌的基本团队也只是停留在采编的层面上，作为一种特殊而又专业的综合性策划工作，媒体的品牌经营需要专业团队的协作。

报业作为特殊的行业，如果是让不熟悉报业发展历史、不熟悉报业的运作流程的人来管理，结果可想而知。首先，团队的创立者或者继任领导者应该具备基本的新闻素养。报业品牌文化的形成往往是和其团队的管理者的办报理念、价值观念、经营思路有着紧密的关系。卓越的团队管理者是卓越的品牌文化的人格化，报业品牌文化的建构需要团队管理者的身体力行。所以，从某种意义上来说，团队的管理者是报业品牌文化的塑造者和推动者，必须熟悉报业流程，熟悉报业的发展现状，以在多变的市场环境中做出正确的决策。

其次，报业品牌文化的团队成员必须也是熟悉各种管理制度以及报业机制的专业人才，媒体作为典型的知识型文化产业，具有更新快的特殊性，为了紧跟时代的步伐，成员必须及时更新自己的新观念，定时进行学习培训。定期的学习培训能有效地提高整个团队的运作效率。在知识经济时代，团队成员必须具有足够的专业知识储备，接受更新更快的知识，以使报业在激烈的竞争中处于不败之地。

3. 协作团队建设

报业品牌文化的建构还需要其他协作团队的帮助。在团队建设中，团队的联合有利于专业化的分工，增强组织的市场反应能力，尤其在现代激烈的市场竞争中，团队之间的强强联合才能提高效率，使得团队各自发挥自身的专业优势。由于团队中每一个人的能力不同，手中掌握的资源不同，擅长的领域也不同，加之团队与团队之间本身也存在着区别，所以通过团队之间的协作可以避免重复性的工作，更好更快地完成任务。

2014 年，"人民日报校园行"活动走进复旦大学后，两家签署合作协议开设课程，开启了《人民日报》和复旦大学的媒校合作、强强联合的新模式。通过由复旦大学新闻学院开设的全国高校中第一门专门的"《人民日报》研究"课程，面向学生授课。《人民日报》副总编、复旦大学兼职教授谢国明为 200余名学生上了第一讲。此后，复旦将不定期邀请《人民日报》的资深记者或编辑赴新闻学院访学并为学生授课，这是新闻人才培养的一种新尝试，也是报社通过与高校的合作，利用高校的教学平台，向未来的新闻从业者传播自身的组织文化。

除此之外，报业的品牌团队还可以通过对外合作与交流，与政府、企业及其相关的专业品牌研究机构和传播机构等进行协作，共同做好报业品牌的发展。

我们可以看到，历经改革后的中国报业，一方面有相当一部分处于艰难支撑的境地；另一方面，已经出现了《人民日报》《南方报业》《解放报业》《大众报业》等多家具有较强实力和品牌影响力的报业集团。与此同时，报业更面临着来自网络、手机、移动媒体等新兴媒体的冲击。因此，积极、主动地迎接新媒体的挑战，借助国家文化体制改革的有利契机，实现向资本化、数字化的全媒体传媒集团转型，正在成为报业集团发展的主攻方向。

报业集团正在朝着塑造品牌的方向发展，品牌文化是品牌的核心灵魂，是媒介品牌经营的一个关键步骤。

在当今中国的报业市场，过去的管理机制已经不再顺应时代潮流的发展，而是应该用变化的、发展的眼光去看待这一瞬息万变的市场。把报业当作一项产业来经营和管理，更多的让这种媒介经营成为常态，塑造人们的品牌意识，打造报业品牌文化。

在品牌文化的建构过程中，报社、报纸、团队都在不同程度上为报业品牌文化的打造贡献出自己的一分力量。品牌的背后是文化，品牌的支撑是团队。人是第一生产力。在一种文化的形成中，人起着关键的作用。所以，品牌文化的建构应该将品牌与人紧密地联系在一起，其实就是人和社会、人和人和谐地相处。人创造品牌文化，文化反过来影响人。

（二）报业企业团队建设积极作用概述

1. 有助于报业企业的转型升级

当前，我国报业正处在转型升级、跨越发展的关键期。以杭州日报报业集团为例，为顺应传媒产业的变革，提出了从报业走向现代传媒，成为文化产业战略投资者的发展目标。为实现这一目标，必须在传播方式、产业结构、体制机制、管理模式上进行一系列改革和创新。与此相适应，建设一支有学习创新能力、结构优化的团队，并为其营造和谐发展的企业环境，成为迫在眉睫的任务。工会在企业中担负着团结组织职工、维护职工权益、促进企业发展的重要作用。应发挥自身优势，结合工会的特点，围绕打造优秀团队、建设和谐企业的宗旨，创造性地开展工作，为报业集团转型升级、跨越发展做出贡献。

2. 有助于报业企业文化建设

企业的文化氛围是指一个企业对内的各种规章制度和福利待遇，为员工提供的各种工作、生活的舞台空间以及企业对外所树立的一种良好形象，从而确立企业在员工心目中和大社会环境下一种独特的人文氛围。企业文化建设是企业思想政治工作的一种创新形式，它不仅能增强企业的凝聚力，也是提升团队竞争力的重要举措。团队建设具有连接企业管理层与员工的作用，这种纽带和桥梁作用使报业的发展愿景与员工的个人愿景有机结合起来，形成和谐发展的良好创业环境和报业文化，推动报业集团的持续发展。

3. 有助于引导有效性竞争

企业的团队建设，更能直接地反映出企业文化。小企业做事，大企业做人。一个单位，只有形成一个持有共同价值理念的高层管理者团队，才能培养出一支符合企业价值理念的员工队伍。无论是企业的战略选择、制度安排，还是经营活动，最终都要靠人来实现，靠人来完成。报业企业的价值理念如要真正付诸实践，最终要靠员工的认同。可以说，企业的团队，才是其价值理念的真正载体。基于有效性竞争的报业企业，才能获得进一步的发展。

参考文献

[1]鲍观明，楼天阳. 现代企业经营管理理论与实务 [M]. 杭州：浙江工商大学出版社，2012.

[2]彭才根，马力. 企业经营管理认知 [M]. 苏州：苏州大学出版社，2012.

[3]季辉. 现代企业经营与管理 [M]. 3 版. 大连：东北财经大学出版社，2013.

[4]袁蔚，方青云，杨青. 现代企业经营管理概论 [M]. 2 版. 上海：复旦大学出版社，2015.

[5]侯书生，余伯刚. 经营理念创新：企业家的大脑革命 [M]. 成都：四川大学出版社，2016.

[6]蔡世刚. 企业管理 [M]. 西安：西安交通大学出版社，2017.

[7]沈波，蒋新宁，肖立刚. 企业经营知识与实务 [M]. 南京：东南大学出版社，2017.

[8]李恒兴. 企业经营战略 [M]. 上海：上海交通大学出版社，2017.

[9]谢品，肖霖岳. 现代企业管理 [M]. 成都：电子科技大学出版社，2017.

[10]王喆. 新经济环境下现代企业战略管理研究 [M]. 北京：中国商业出版社，2018.

[11]祝宝江，周荣虎，陈国雄. 企业管理 [M]. 上海：上海交通大学出版社，2017.

[12]张国才. 团队建设与领导 [M]. 4 版. 厦门：厦门大学出版社，2017.

[13]木元哲，祖林. 卓越企业的经营哲学 [M]. 广州：广东经济出版社，2017.

[14]冯广圣. 转型与重生：传统报业经营时间与实践 [M]. 桂林：广西师范大学出版社，2018.

[15]陈杰. 现代企业管理 [M]. 北京：北京理工大学出版社，2018.

[16]张帆. 媒体融合背景下我国报业转型的发展策略研究 [M]. 武汉：武汉大学出版社，2018.

[17]陈国生，魏勇，赵立平，等. 工商企业经营与管理概论 [M]. 北京：对外经济贸易大学出版社，2018.

[18]刘迎春. 浅谈媒体融合背景下传统报业的转型发展策略 [J]. 传播力研究，2018，2（35）：63.

[19]曾耀农，张梦闪. 新时代地方报业经营转型方略 [J]. 中国发展，2018，18（4）：63-68.

[20]萨琪拉. 探究现代市场经济下的企业经营管理模式 [J]. 现代经济信息，2018（22）：98.

[21]张家齐. 企业经营管理能力提升的对策研究 [J]. 科技经济导刊，2018，26（28）：228.

[22]刘振勇. 探究现代市场经济下的企业经营管理模式 [J]. 时代金融，2018（32）：213.

[23]黄津孚. 论现代企业经营管理之道 [J]. 企业经济，2018，37（8）：5-15.

[24]冉万瑾. 浅谈融媒体时代传统报业转型发展路径 [J]. 传播力研究，2019，3（23）：96.

[25]田尚仁. 经营管理在现代企业管理中的作用及应用 [J]. 企业科技与发展，2019（8）：231-232.

[26]孔金双. 浅谈现代企业经营管理工作 [J]. 海峡科技与产业，2019（10）：81-83.

[27]沈小华. 团队建设在企业发展中的作用探讨 [J]. 企业改革与管理，2019（15）：73.

[28]宁双艳. 传统报业经营转型策略研究 [J]. 中国报业，2019（18）：21-22.

[29]周菲菲. 浅析企业团队建设与管理 [J]. 中外企业家，2019（36）：41.